诗意语文
系列丛书

当诗意语文教师变身为父母 1

总 主 编 董一菲
本书主编 张显辉

西苑出版社
XIYUAN PUBLISHING HOUSE

图书在版编目（CIP）数据
当诗意语文教师变身为父母 . ① / 董一菲主编 . -- 北京 : 西苑出版社 , 2018.7
ISBN 978-7-5151-0690-8
Ⅰ . ① 当… Ⅱ . ① 董… Ⅲ . ① 家庭教育 Ⅳ . ① G78

中国版本图书馆 CIP 数据核字（2018）第 129511 号

当诗意语文教师变身为父母 ①
DANG SHIYI YUWEN JIAOSHI BIANSHEN WEI FUMU ①

出品人 赵 晖
责任编辑 康志刚 谢璐遥
责任印制 陈爱华
责任校对 刘 娟
书装设计 徐慧芳
出版发行 西苑出版社
通讯地址 北京市朝阳区和平街 11 区 37 号楼 邮政编码 100013
电 话 010-88636419 传 真 010-84281520
E-mail xiyuanpub@163.com
印 刷 北京文昌阁彩色印刷有限责任公司
经 销 全国新华书店
开 本 841 × 1189 毫米 1/32
字 数 111 千字
印 张 7
版 次 2018 年 7 月第 1 版
印 次 2018 年 7 月第 1 次印刷
书 号 ISBN 978-7-5151-0690-8
定 价 39.00 元

序

汉语是诗性的，语文原本诗意，诗意是语文的自然属性。孩子的年华与心灵也是一首诗。教育超越功利直指灵魂，是诗意的事业，文学与艺术甚至课堂到达某种境界都会闪烁诗的光芒。所以，诗意语文是情怀，是境界，是语文教育的宏大而又精微的属性。诗意的人生是一种追求。作为一位教师，要以诗意为天，以理性为壤，通过诗意的语文教学实践，让学生在诗意的语文学习中，达成诗意的成长，进而学会诗意地生活，为诗意人生奠基。

诗意语文的课堂是诗意氤氲的圣殿，是优雅美丽的合集。它顺乎文理，顺乎自然，顺乎纯真。听从一切生命的召唤，倾听人性人情的声响，洋溢着文学气、书卷气和强烈的文化认同感、归属感，从而在语文的诗意中升腾出高贵的品格与尊严。

叶嘉莹先生说：“诗就是人心的苏醒，是离我们心灵本身最近的事情，是从平庸、浮华与困顿中，醒过来见到自己的真身，真身就是自我。”我曾经这样解读“诗意语文”，她就是一粒精神的种子，能塑造孩子人生的诗意美好，而这粒种子更让语文老师们找到了人生的诗意美好。

诗意是我永远的追求与向往，在这条追求的路上，集结越来越多的语文同道，追求着我的追求，执着着我的执着。

我的“诗意语文工作室”成立时间并不长，短短两年多，从形单影只一个人，到闻讯而来的几十人，到呼朋唤友、知音相觅的一二百人，最后到人员满聚的五百人，另有诗心拳拳于预备群中孜孜以求的近百人。这种由量变到质变、最终飞跃式的发展，足见当代语文教师对诗意教学、诗意栖居的追求与渴望。工作室这个小小的微信平台，以开放包容的姿态，集聚了天南海北近700位诗意语文人，覆盖全国22个省、4个直辖市、5个自治区（目前只有港澳台的语文教师缺席）。这里有由38位大学教授、特级教师、省市著名教研员组成的工作室特聘导师团队做引领，还有600余位全国语文才俊做支撑，共同践行诗意语文的理念，打造语文的诗意空间。

工作室活动的创建与参与全都是工作室成员的自动、自发、自觉的行为。在这种自动自觉下，热爱诗意语文的老师们，迸发出了令人赞叹不已的热情和创造力，诸多有热情有能力有担当的青年才俊纷纷涌现，群策群力，短时间内就推出了“诗意语文讲坛”等22个栏目，有层次、有特色，立体全方位服务教研与教学。

“读万卷书、行万里路”，工作室将苦练内功与游学送课相结合，力求打造知行合一的成长空间，诗意语文人勇于实践，不断超越自我。2017年3月，我曾应湖南永州宁远教育局之邀，携工作室群主张茵、坛主王青生送课宁远；2016年、2017年全国高中语文教师基本功两届大赛共40人左右随赴赛场，他们各展英姿，在交流学习中迅速成长成熟。一个个比赛成绩和岗位业绩，都让我看到了诗意语文人蓬勃的生命力与高昂的进取意识。他们充满理想，富有朝气，以一种永不停歇的成长态势活活泼泼地工作着、生活着。

就是这样的诗意语文人，以一种对文字文化文明的虔诚，书写着、追寻着。两年的时间里，有30余人次在《语文学习》等核心期刊上发表论文。同时，还撰写了《高中语文经典篇目同课异构与点评》等近30本书。

我震惊于他们强大的执行力与爆发力，更欣喜于他们孜孜以求、充满创新的精神力量。他们都是诗意的创造者、承继者、传播者，播洒诗意、播洒美丽、播洒心灵的光辉。

而今，在诗意语文思想与实践的热烈芬芳之时，“诗意语文系列丛书”的约稿征集，让工作室老师群情鼎沸，将思想流淌笔端，让文字传递诗情，是诗意语文人笔耕不辍的原动力。语文核心素养有四个元素：语言结构与应用、思维发展与提升、审美鉴赏与创作、文化传承与理解。诗意语文围绕这四个维度展开，丛书也围绕这四个维度阐述并将全方位展示诗意语文人的从教之思、施教之意、善教之美。

每一种独特的语言表达方式都是其思维的路向与生命体验的精神符号。正因如此，“诗意语文系列丛书”更具有文学气质。它渗透个人的理解，表达个人的情趣和品味，浸染独特的感觉体验和情感，点燃与激活诗性思维与生命激情，凝结成无形的精神气质。它呈现出一种浪漫主义和精神向度，以语文的高贵姿态，传递美的信念。

坚守汉语的诗性，激扬文化的自信，唤醒生命的诗意，点燃职业的激情，丰盈审美的灵魂，领略语文教学的诗意，探究语文的本源。诗意语文愿与更多语文人携手，于有限的语文教学空间，开拓无限的语文教学长路。

路漫漫其修远，诗意相伴，吾道不孤。语文之道，在体悟、在实践、在交流、在思考、在阅读、在勤奋。道在何方，在笔头、在脚下、在心上。

董一菲

发现父母，做更好的我们

每个人从出生到长大，都离不开家庭的教育与影响。父母的一言一行、一举一动对子女都有着潜移默化的作用。

有人说家庭教育就是“培根教育”，有人说家庭的行为方式就是一种重要的教育。我们都知道“身教胜于言传”，无论我们长大之后做什么，都会在自觉不自觉中显示出原生家庭的优长或者暴露其不足。

家庭——不仅是供我们长大的一所房子，更是我们精神力量的根源。

我们从父母那里来，我们将沿着父母指引的方向去，虽然有时我们并不自知，更不情愿。

为人父母，我们所承载的使命，不单单是缔造生命，更要努力引导，让孩子成为独立健全，有温度、有情怀的人。

生命的成长，不只是自然的成长，更应是精神的成长。生命的过程，如果有父母恰当的引领，就会呈现出更多的精彩和可能。

因为，家庭是我们的第一所学校，而父母则是我们的第一任老师。

我们无法选择父母，但我们可以努力成为更好的父母。成为母亲之后，我一直在思考，怎样做一个好母亲。甚至直到今天，“母龄”三年半的我依然诚惶诚恐：害怕自己做得不好不能引导她更好地成长；害怕自己力量有限不能助她飞得更高；害怕自己不能成为她的骄傲与依靠；害怕自己有一天被越长越大的她无情地“嫌弃”——我知道，做了母亲，我和很多父母一样患了一种“病”——总怕不能给她更好的，总希望她能更好！

我很庆幸，我在初为人母的路上蹒跚起步时，有董一菲师父的一路点醒和指教；我很庆幸，在我“母龄”尚浅，忐忑不安时，遇到这本书！

《当诗意语文教师变身为父母》是董一菲诗意语文工作室精心打造的育子养教经典。本书的作者来自全国各地，他们既是优秀的诗意语文教师，更是负责任的父亲、母亲。他们关心孩子的点滴变化，关注孩子的身心发展，是典型的中国好爸爸、中国好妈妈，他们心系孩子，同时不忘修炼自身，努力不辍、心向诗意，和孩子共同进步、共同成长。他们深知，作为教师，教育和引领别人的孩子是他们的职业责任，他们更知道，教养和引领自己的子女是他们的人生使命。

这本书讲述的就是这群诗意语文人教养孩子的故事。以父母和子女之间的故事为依托，以发现父母及家庭教育的意义为目标，以个人的养教心得体验为凭借，对生命的诗意进行溯源，为您诠释原生家庭教育、父母引领对孩子生命成长的价值与意义。

在这本书中，我发现有那么多用心的爸爸、妈妈，他们在孩子心中早早播下诗意的种子、良好的习惯，他们带孩子去看大大的世界、美美的远方，他们牵着孩子的小手，一步步引着孩子走向美好的未来；我也发现，有那么多孩子开始懂得“反哺”，知道感恩，明白担当与责任的意义，清楚努力与奋斗的价值。在这些孩子身上，我看到了父母言传身教的影响与力量。

很多人一提现在的孩子都摇头叹息，大呼世风日下，孩子一代不如一代；很多人一提现在的年轻父母都连连叹气，觉得现在的年轻父母只顾自己享受，担不起为人父母的责任。可是，读了这本书，我觉得我既看到了认真、用心的父母，又看到了注定越来越好的孩子！或许，这本书最大的意义与价值就在于此。它不仅是这群诗意语文教师为人父母的切实感受，更是他们自身的觉察与反省；它不仅为您呈现一个个富有亲子之趣、教养之思的故事，更将为广大父母提供养子育儿的启示与借鉴。

让陪伴更有价值，让游戏更有意义，让学习不再枯燥，让诗意遍洒每个孩子心间！诗意装点生命，生命延续诗意。我有理由相信，这群心中有诗意，努力向诗意的语文人已经将诗意的接力棒成功传递给他们的孩子。我有理由相信，读了他们的故事，你收获的一定不仅仅是感动，更有将您的孩子也引向诗意人生的冲动！

关注孩子，修炼自我。永远不要忘记我们是他们生命的原点。让我们努力，做更好的我们。让我们努力，用推动摇篮的手更好地推动世界。

谨以此书献给对孩子充满期待与希望、盼望孩子越来越好的父母们。

张显辉

目 录

第一篇

始相遇，世界因你而不同

愿你是甜蜜的负担

——女儿断奶记

从糖糖呱呱落地、剪断脐带那一刻，她离开了我，作为一个独立个体存在于世，这是我和糖糖的第一次告别。满满甜蜜中微微失望，但庆幸，37 度的爱又让我们紧密相连。蜷缩的肉体，吧唧的小嘴，喝完母乳后满足的神情，都让我欢喜又骄傲。时间一晃而过，二次分离——断奶却像一阵龙卷风吹得人头昏脑涨。

糖糖满周岁的时候，身边的家人开始轮流“攻击”我，跟我大谈断奶的道理：“断奶的时候，哪个孩子不哭？做妈妈的心里难受，我们都是这样过来的”“你决定了，就要一鼓作气地断奶成功，万万不可一听孩子哭声就忍不住”“孩子都快一周岁了，你还不断奶？孩子越大断奶的难度越大，迟早要断奶，晚断不如早断”。在这样的轰炸下，我突然醒悟到，终于到了该断奶的时刻。然而这一刻，却让我由衷地不舍。

心里有断奶的念头也做好了断奶的心理准备，糖糖却好似有感应似的，比平时更敏感，只要看到妈妈就拒绝其他任何人接触，否则就以哭抗议。而据说妈妈不在场，又十分乖巧——这便又成了他们说服我断奶的理由。

开始断奶的第一天，家里的长辈把断奶辅助物准备齐全：猪胆、万金油、黄连，糖糖要喝奶，就在乳头上抹上这些。白天带着糖糖去拜年，并且多少能分散注意力。跟小哥哥小姐姐一起玩闹，并且有玩具、零食就忘记了找妈妈……

到了下午两点多，午睡的时间，糖糖开始闹情绪。往常母乳是最好的安睡神器。她开始嗯呐嗯呐，没有得到安抚，便加大力度，变成了小哭。我抱着糖糖，糖糖双手紧紧搂着我，最近半个月她总是担心找不到妈妈，缺少安全感。哭的时候我就轻拍她后背，唱平时的安眠曲，但不尽如人愿，还是哭，小哭变成大哭。找不到母乳的糖糖，开始生气，身体绷直，头和双脚向后弯，整个身体成一个字母C，并且开始挣脱我的怀抱，手脚乱动，我只能加大力度抱住她，受到桎梏的糖糖哭得更大声了，听到她歇斯底里的哭声，我真想放弃，想给她吃一口，但是我知道不可以。于是，我决定背着糖糖换一个方式哄她睡觉。一脱离我的怀抱，糖糖以为别人要把她抱走，哭得直掀房梁，但是一接触到我，黏着我，哭声就小了，于是，我只能背着糖糖不停地走。

虽然下午我喝了麦芽山楂水，但是到了晚上奶还是涨硬了，担心涨得太疼，就用手动吸奶器吸出。晚上九点，到了睡觉的时间，糖糖又开始找奶，于是我在乳头上抹上了万金油，忐忑中给她吸了两口，谁知糖糖舔了舔，瘪了瘪嘴，接着又吃了起来，为了喝奶，真是什么都可以忍受了！又给涂猪胆，特别特别地苦，结果糖糖在几个回合之后，还是没忍住吃了起来。没有办法，只能让爷爷奶奶抱去他们的房间睡。离开妈妈怀抱的糖糖哭得惨绝人寰，我想追着去抱糖糖，却被先生拉住了，只能停住脚步。糖糖的哭声让我心如刀割。

糖糖出生后我俩就没有分开过，突然的分离让我觉得坐立不安，糖糖的哭声穿透墙壁在我耳边回响，终究没忍住，跑下楼去看糖糖，糖糖哭得上气不接下气，让我心里又愧疚又无助。不忍心糖糖哭得那么惨烈，我便接过她。重回妈妈怀抱的糖糖，终于哭得不那么厉害了，扎在我的怀里想要找奶喝，但是我一想到断奶的决心，就坚持忍住了。我抱着她坐着，一旦她哭得厉害的时候就抱着她走。糖糖哭得喉咙沙哑，我的眼泪控制不住盈满眼眶，糖糖大声哭，我默默地流泪。

我还没有痊愈的身体，在如此的打击下，嗓子一下子就上火哑了，头疼得要命。那一夜，糖糖就在这样的反复闹腾下度过，哭闹声、涨奶、身体上的不适加之心理负担，从来没有一个晚上有那么漫长。

断奶第二天，婆婆、妈妈都建议我和先生外出几天，免得和糖糖互相看着难受，她们坚持认为只要我不出现在糖糖视线内，她们就能搞定糖糖。我的心太软，看不得听不得糖糖的哭闹声，前一晚上也确实让我尝到了苦头，只能一步三回头地离开了家。

我的一颗心像遗落在糖糖身边了，窗外的风景不再美，耳边的音乐不再动听，逛商场也是意兴阑珊。坐下便不由自主地刷着手机，想要拨打婆婆的电话号码，问问糖糖的情况，但又害怕听到糖糖哭闹的声音，担心自己控制不住。先生看我这样，上前把手机没收，跟我约法三章：决定断奶，不能反悔；出来了，不能有心理负担；手机暂由他保管，有情况会告知我！我们就像还没有糖糖一样过着二人世界，可是再也没有以前那种行动上和心理上的潇洒感，糖糖被我们各自放在心里，一物一时都让我们惦念着。

断奶第三天一大早，我打电话问糖糖的情况，得到的回复是，“晚上找妈妈，哭了两个小时”，我听后心情直线下降，落下十八层楼似的，眼泪控制不住像线一样掉下来。断奶走的每一步都是艰难的，那一刻我真想飞奔到糖糖身边，给她一个拥抱，但是我不能也不敢，因为不能半途而废，让她再来一次这样痛苦的经历；我不敢回去，怕真的看到此情此景会心软，会受不了；所以我只能忍着、憋着、等着。

断奶第四天一早，我便催促着先生赶快回家，归心似箭，恨不得马上飞奔到糖糖身边。一下车，带着重逢的喜悦直奔家中，糖糖坐在小餐桌上吃早饭，看到她乖巧坐着的模样，我的心快融化了，甜甜地叫了声“宝贝，糖糖”，糖糖却不似往常笑着要我抱，而是看了看我，转头找奶奶，那一刻我听到了心碎一地的声音，我想我不是一个好妈妈，压下想哭的冲动，重新扬起一个不算漂亮的笑脸，我明白这又是一个新的开始。

教养心经

分离对于孩子和妈妈都是痛苦的，有孩子的眼泪，妈妈的失落，但是生命中的分离是无休止的。第一次分离是为了迎接，第二次分离是为了成长。在今后的生命旅程中，我们还要经历种种分离，而每种分离都让人肝肠寸断。可生命就是如此，我们抗拒但不能改变，唯有坦然地接受生命中的种种。只是，不管她走多远，到哪里，妈妈永远在她身后注视着她，永不离去！

汤利萍，本文作者，江西省遂川县五斗江中学初中语文教师。多次获得校、乡优秀教师称号，获县优质课比赛一等奖。热爱语文，喜爱阅读，在教学事业上认真负责，刻苦钻研，不断追求进步和创新，最大的幸福就是把一群群孩子送达理想的彼岸！

孩子，我想让你更具慧眼

最近，我发现女儿羊羊的话多了。我牵着她胖乎乎的小手出去玩，如果她看见几个人聚在一块，就会挣开我的手，冲上前去，大声说：“大家好，我是羊羊，今年 2 岁，你是我的好朋友吗？”这句话成了她打招呼的开场白。如果碰到和她差不多大的小孩，她就会特别激动，一下把对方抱住，一直姐姐弟弟叫个不停，热情得能把小朋友吓哭。知女莫若母，我想羊羊是希望多交朋友了。

前些天，我和羊羊的外婆带着羊羊去商场买童鞋。我两手抱着羊羊很是吃力，可一把羊羊放在地上，她像玩捉迷藏一样又跑了。我们知道这一层都是鞋柜，她跑不远，就让她在前面跑，我在后面悄悄跟着。我远远地看见羊羊跑到成人鞋区，向售货员阿姨说了她的开场白后拿了一双鞋试穿，几个售货员阿姨正在逗她玩。

我走过去，听到了这样的对话：“妮儿，阿姨带你去吃好吃的，好不好？”羊羊说：“好，我要吃棒棒糖！”另一个阿姨说：“阿姨那里有好玩的，你去不去？”羊羊说：“去，阿姨把狗狗给我玩吧！”又有一个阿姨说：“我家有个小朋友，你帮忙看看他吧？”羊羊直接走过去拉着阿姨的手说：“阿姨，快走吧，小朋友要哭了！”我连忙走过去拉过孩子，她还想挣开我的手去找阿姨，售货员阿姨笑得合不拢嘴说：“你的孩子真可爱，但一定要看好她！”

这样的事情时有发生，仅仅在小区里，羊羊就跟着陌生人走了几回。我想我不能把孩子关在屋里。只有与外界接触才能更好地了解这个世界，在和同龄人的交往中获得友谊，对羊羊的成长是有益的。孩子的世界都是美好的，然而现实中又潜藏着很多安全隐患，我有必要对她进行交友安全教育了。

我给羊羊买了几张游乐场的消费卡，我和她爸爸只要有空就带她去玩，这样有助建立羊羊和爸爸妈妈的亲密关系，孩子信任了父母，才能学会信任朋友。在出去玩前我一定准备她喜欢的食物和玩具，想让她在外面的时候不羡慕别人的。

但孩子的天性是好奇，羊羊出去了还是会要别人的玩具和零食，总觉得别人的东西是好的。这时候我就会微笑地劝说孩子：“你可以赞美其他小朋友的东西好，然后说我也有好吃的和好玩的，我们一起玩吧！如果别的小朋友不给你，也不能抢，不要惹朋友不高兴！”在分享中，羊羊交到了朋友，体会到了快乐，也化解了因羡慕别的小朋友的东西而争抢的尴尬。

羊羊喜欢看动画片和唱儿歌，我跟她说，你可以和其他小朋友一起唱儿歌，讲故事，捉迷藏，这样也能交到朋友。但我知道，一味地向孩子展示真善美，把假恶丑都遮掩起来，孩子是幸福的。可是这种幸福犹如海滩上用沙子垒起来的城堡，只需要社会上一个恶浪打来，瞬间就会土崩瓦解。

我教她唱《小兔子乖乖》《小红帽》，给她讲《小红帽》《狼和七只小羊》的故事，和她一起看《学会保护自己：幼儿安全故事书》，想让她知道不是所有人都是她的朋友。一次，我给她放动画片《喜羊羊和灰太狼》，然后问羊羊：“为什么懒羊羊会被灰太狼捉住？”

羊羊说：“灰太狼骗懒羊羊吃了棒棒糖！”

我接着问：“那灰太狼还是不是懒羊羊的好朋友了？”

羊羊想了想说：“不是了，灰太狼要吃懒羊羊！”

我告诉她："一个不诚实的人很难交到真心朋友，出去玩时陌生人给的食物不要乱吃哦！"

羊羊喜欢看《爱探险的朵拉》的动画片，动画片里小动物喊救命，她就说："我来救你！"逗得我们哈哈大笑。有次我和羊羊玩游戏，说大灰狼来了，我假装哭了。羊羊抱着我的腿认真地说："妈妈别哭，羊羊在这，大灰狼来先咬我！"我想羊羊是一个富有正义感的小孩，但她只是个小孩，面对复杂的社会，我应怎样让她有正义感的童心不受到伤害呢？我只能跟她说："你是小孩，出门时要跟爸爸妈妈在一起，因为爸爸妈妈会保护、帮助你。如果爸爸妈妈不在你身边，有大人要你帮助，你就不要跟他走，因为大人有困难是会找大人帮助的，而不是求助于小孩。你记得我给你讲的《小兔子走丢了》的故事吗？跑走后玩得开心的小兔子突然发现妈妈不见了，该怎么办呢？"

羊羊从朵拉身上找启发："问地图！"

我接着追问："没有地图呢？"

羊羊举手说："喊救命？"

我说："如果碰到大灰狼了呢？"

羊羊低下了头："我不知道了！"

我捧起羊羊的脸说：“你看有没有警察叔叔，记住爸爸妈妈的电话，让警察叔叔带你找爸爸妈妈！”

羊羊高兴地笑了，露出两个浅浅的酒窝：“妈妈真棒！我知道了。”

前几天，羊羊在电梯里又交到了一个朋友。当时，我和羊羊走进电梯准备下楼，可电梯里有个一两岁的男孩在很大声地哭，他的周围没有大人。我想这个小孩是趁大人没注意跑进电梯了。

羊羊拉拉我的手说：“妈妈，小弟弟为什么哭？”

我说：“弟弟是找不着妈妈了！”

羊羊马上问小男孩：“你叫什么名字，你爸爸妈妈电话是多少，我让妈妈找警察送你回家！”

男孩太小了，都说不上来，只是哭。

羊羊说：“我把球给弟弟玩吧。”

我点点头，羊羊笑着把自己的皮球塞给小弟弟，但他还在哭，羊羊急了：“弟弟别哭，我把棒棒糖给你吃！”我们只好把小男孩带出电梯，我在一楼正要打电话给物业，没想到孩子爸爸也到一楼来找，这时羊羊已经和小男孩手拉手交上了朋友。

孟子说："人之相识，贵在相知，人之相知，贵在知心。"良好的人际交往有助于孩子健康成长，做父母的都想让孩子多交几个真心朋友，父母的正确引导才能更好地保护孩子。孩子，我想让你更具慧眼，去伪存真，交到知心朋友，人生才会多姿多彩，绽放光芒！

教养心经

教育家苏霍姆林斯基说："教育技巧的全部奥秘也就在于如何爱护儿童。"孩子对外界充满好奇心很正常，我们要保护他们这种好奇心。父母从孩子两岁开始就要鼓励他尊重欣赏别的小朋友，和同龄人交朋友。清代蒲松龄也说："天下快意之事莫若友，快友之事莫若谈。"我们都知道这个世界有阴暗面，我们要更好地保护孩子，让他们保有善良的美德。

让孩子长成羽毛渐丰的雏鹰，翱翔在广袤的天空；让孩子长成逐渐强大的乳虎，攀爬陡峭的高山；让孩子长成活泼可爱的鱼儿，跳过理想的龙门。

孩子小，要在交友的同时有安全意识。父母可以通过和孩子做游戏、看画册、讲故事等办法渗透安全教育，言传身教，给孩子交友多鼓励、多引导，带给孩子一个诗意、快乐、安全的童年。

罗丹，本文作者，河北省邯郸市第三中学南校区教师。曾荣获『四方杯』全国优秀语文教师选拔赛『教学能手』和『教研能手』，河北省教师教育学会优质课评选一等奖，教学设计二等奖，邯郸市首届培养学生『一股好精神』录像课一等奖。多次在邯郸市的微课、征文、优质课、教学设计比赛中获奖，被邯郸市教育局授予嘉奖。辅导学生参加全国中学生迎奥运作文大赛获指导教师奖。强调学生自主探究，让学生享受人本性、科学性的诗意语文带来的快乐。

游戏识字乐趣多

结婚七年，34 岁的我终于迎来了上天赐予我的最好的礼物——儿子大海。爱因斯坦说：兴趣是最好的老师。作为一名教师，我并没有将过多的说教、惩罚等教育手段用于教育孩子。在对儿子大海的教育中，我创设了许多游戏，寓教于乐，让孩子乐识字，爱读书。

一、寻宝游戏促儿识字

我牵着儿子的小手，无论是走街逛店，还是散步游戏，只要碰到汉字我都会读给孩子听，指给孩子看。大海也用他

那胖嘟嘟的小手指着字跟我读“上海大众”“白条鸡”“吸烟有害健康”……表情认真，声音稚气。

随着时间的流逝，孩子慢慢长大了。大海出门看见字就读，遇到他不认识的字就乱读。有一天我们来到家具城，大海指着一个牌子说：“妈妈你看麻头柜。”这时，我就拉着大海的手，蹲下和他说：“宝贝，这个字应该读‘床’而不是‘麻’。”久而久之孩子已经认识了很多字。为了让孩子对陌生字印象深刻，出门前，我常常会给儿子拿一个汉字卡片。有一次我指着卡片上的“削”字告诉他：“儿子我们这次出门有一个重要的寻宝任务，就是寻找这个字宝宝“削”。儿子马上立正敬礼说：“保证完成任务。”

拉着儿子来到街上，我们看到字都会认一认、读一读。“广告牌”“门面牌”“寻物启事”等，一个也不放过。大海认真地找着字宝宝。忽然儿子大叫：“妈妈，在这呢。”接着大声读出：“李记刀削面。”孩子欢呼雀跃，我也不亦乐乎。在寻宝的过程中，大海不自觉地又认识了很多汉字，我也有些许做妈妈的成就感。

寻宝游戏多变化，识字记字是根本。一天，我在文具店买了一个百宝箱。到家后，大海就像小鸟一样扑到我的身边，好奇地问："妈妈这是什么？"

我把大海拉到身前故作神秘地对他说："这是一个百宝箱，咱们来玩寻宝游戏。"

大海兴奋地对我说："我先看看它。"

我把百宝箱给他，他拿小钥匙打开箱子，看到里面有些小玻璃球。然后他把箱子锁上问我说："妈妈这个怎么玩？"我握着儿子的手说："咱们先做些寻宝指示条，然后从沙发开始寻宝，找到百宝箱后，打开箱子看里面的纸条做任务。开始行动吧！"

我和儿子找来打印纸和水彩笔，一起把打印纸撕成五厘米宽的小纸条，每张纸条上分别写下"茶几""床头柜""立柜里""板凳下""扫帚把里"等不同地点的字。我写好任务，放到百宝箱中，把百宝箱藏在书柜里，然后在寻宝的起始点沙发上放一张指示下一个寻宝地点的纸条，一直到百宝箱所在的地点。

孩子每次根据纸条的字来到一个藏宝地点，就左翻翻，右找找开始寻找下一个地点的纸条。找到纸条后马上去下一个地点，依此类推找到了百宝箱。孩子打开百宝箱，读出百宝箱里字条的奖励：“爸爸的拥抱”“妈妈的吻”或“给爷爷捶捶背”等。孩子在按照字条做任务。小家伙完成任务后得意扬扬。寻宝游戏让儿子的生活充满乐趣，让孩子的学习变得主动，让孩子的信心满满。

二、自制字卡牌，孩子组词多

游戏犹如火花，它点燃孩子探索求知的火焰；游戏犹如窗户，他打开了孩子思维的空间。为了让大海丰富词汇，我也采用游戏的教育方式。

我制作了许多长五厘米、宽四厘米的小卡片。我和儿子一起在每张卡片上用毛笔写上大海认识的汉字，就像扑克牌一样。大海每认识一个新字我也会写一张新卡牌。卡牌越来越多，渐渐地就有几百个了。

一天，我叫来海爸和大海对他们说：“两位男子汉咱们玩一个组词游戏吧！”海爸说：“姜还是老的辣，我肯定赢！”大海不服气地说：“英雄出少年，我要赢！”我哈哈大笑：“是骡子是马拉出来遛遛，让咱们比比看吧！”然后我郑重宣布游戏规则：先将卡片分成三份，每人一份。一个人先出卡片，其他两人从自己的卡片中找出相应的卡片，和刚出的卡片组成词组。组词成功的人将卡片拿走。我先出了一个“雪”字，儿子拿出了一个“花”字，他迅速地说出：“雪花。”然后得意地拿走了两张卡片。我举起大拇指说：“大海赢了！”

除了玩组两个字的词语外，我们还尝试组三个字的词，组四个字的词。游戏中我和海爸教了大海很多词语。小家伙对这个游戏兴趣盎然，玩得开心投入。词卡游戏欢乐多，我对大海说：“儿子，今天咱们来词卡斗大小。”大海说：“妈妈我来分卡，输了可不许哭呀！”我拍着胸脯说：“本人一定赢！”我出了一个“羊”，大海拿出一个“绳”字，他把字卡放下对我说：“用绳子拴羊。”我又出了一个“盒”字，微笑着对他说：“把绳子放盒子里。”小家伙又出了一个“纸”字，用志在必赢的语气说：“盒子是用纸做的。”

大海在出卡的时候，也有思维短路的时候，我就在一旁给他提个醒。例如，我出了一个“柜”字，大海在卡片盒翻找，不知出什么。我就提醒他说：“看看柜子是用什么做的？

谁做的呀？”大海马上找出两张卡片：“木匠”，然后大声地说：“木匠做柜子，看我牛不牛！”

时光在欢乐中流逝，儿子在游戏中成长。

三、引儿读书有妙招

儿子四周岁了，已经能够独立阅读绘本，每天我都要给他读上一段，他也喜欢听。每当我尝试让他读时，他常常拒绝。于是我对儿子说：“大海咱玩当老师的游戏吧！”小家伙很兴奋地要当老师。我甘当学生，故意读错或者做出不认识字、不会读的样子。这时小家伙马上以小老师的身份教给我，大声地朗读起绘本来。我就装出一副崇拜的样子认真地听他读，然后说：“谢谢老师！”

孩子的成长需要大人的陪伴。我把海爸叫来，我们三个人玩起读书接龙游戏。每人读一页，孩子读得绘声绘色，字正腔圆。我不禁心花怒放，十分得意。有时候我们三个人分角色阅读，进入角色，读出情感，大海更能体会故事的寓意。作为父母，让孩子爱上读书，恋上阅读，需要多种方式。

游戏是孩子生活的一部分，就像成人的工作一样。语文作为我们的母语，应该像血液一样流入孩子的全身。父母应以寓教于乐的方式教育孩子，让孩子爱上汉字，让汉字走进孩子的生活。

教养心经

幼儿天生爱玩、爱闹、爱动，注意力集中时间短。游戏适应了幼儿的天性，是发展幼儿多种才能的智力活动。家长要开动脑筋创设多种游戏活动，让幼儿能够在游戏中识记汉字，喜欢阅读，勇于表达。幼儿是小树新苗，教育是春风化雨。

本文作者

许英，河北省沧州市沧县风化店高中语文教师，思想单纯，性格开朗，喜欢孩子，热爱生活与工作。工作之余喜欢读书，旅游与运动。平淡中始终燃烧着激情的火焰，热闹时执着坚守着内心的纯洁。

家中一面书法墙

“孩子多大识字好？孩子早期识字怎么教？怎么引领孩子爱上汉字和书法？”，这是很多年轻父母关心和关注的问题。笔者是一名敬畏汉字、热爱书法的一线语文老师，仅将自己的些许教养体验与诸位分享。

“宝宝，来，哪一个是‘妈妈’的‘妈’？”小美用她胖乎乎的小手在盒子里挑出写着“妈”字的那张往我身上放。“哪个是‘电灯’的‘灯’？”我边问她边看向天花板上的灯，她也抬头看看，又用小手在盒子里慢慢地翻来拣去，找到“灯”字，拿着扬起小手，又仰脸看向灯……

这是我和小美某段时间内常玩的“寻找字宝宝游戏”。我把白色硬纸板裁成四五厘米见方的纸片，然后用毛笔写上端端正正的字。一般我都会选择名词，先从家里人开始，“爸爸”“妈妈”“奶奶”“爷爷”，再到家中物品：灯、桌、椅、床、碗、盘、勺，后来发展成双音节（或多音节）词，“沙发”“电视机”“电冰箱”……做饭的时候，我会指着大米告诉她“米”，然后写好一个“米”字对应着指给她。我和奶奶一起剥豌豆，小美也在旁边抓着玩，我就写一个“豆”字，放在绿莹莹的豆粒间……

那个时候，小姑娘还不会说话，但已经认识了一些字。给她看过的字，能粘的我都会粘在相应的物品上。家里的墙上贴着“墙”字，楼梯上是“梯”，椅背上是“椅”，柜子上是“柜”，书脊上是“书”，大绿萝的叶子上是“叶”……不能贴的被我们一起收在一只大盒子里的，我们称为“字宝宝”。某段时间，小美尤其喜欢和字宝宝们玩游戏。有时是我让她把某个字宝宝挑出来，有时候她干脆把盒子里的字宝宝都倒出来，在手中把玩，而每次游戏结束后，我们都会一起送字宝宝回家，我告诉她，如果不把字宝宝们送回去，她们会想“妈妈”，而“妈妈”也会很着急……

小美一天天长大了，走稳了，能跑了，开始淘气了。像小时候那样老老实实坐在那里和“字宝宝”亲近的时间越来越少了。她精力旺盛，一天除了睡觉几乎没有老老实实的时候，一会儿爬，一会跳，像一只淘气的小猴子。只有看绘本的时候她可以安静那么一会儿。有几次，我试着想让她想起那些被她冷落多时的字宝宝们，就提出和“字宝宝”玩游戏，可她竟然说她是大宝宝了，不再是小宝宝了。她的言外之意我理解为字宝宝是给小孩儿玩的游戏。

那一刻我忽然想，小姑娘长大了，字宝宝也可以长大啊。瞬间我有恍然大悟的感觉。何况字宝宝们都是我自己写的，我是不是可以把字写得更大以适应长大的小姑娘呢？写到这儿，我想交代一下我当时带她玩字宝宝游戏的目的，真的不是为了教她识读，而是为了让她和字建立一种联系，甚至常常我当着她的面儿端端正正坐下来，用毛笔写，我只是想让她对（毛）笔、对汉字产生一种亲近感与敬畏感……

虽然我的字不至于多难看，但离书法、离字的美还有很大的距离，我想让小姑娘感受汉字的美。迷茫中，我致电了最尊敬的书法老师，向他求教引领小孩儿爱上汉字的妙法，交流中老师提到将字张贴于墙壁上，还给了我一些专业的指导和建议，于是在我家就有了这面书法墙。

我先是在古帖中搜集常见的名词，从《智永真书千字文》

（《千字文》中名词很多）选出和字宝宝们对应的字，放大打印，张贴在家中一面空白墙壁上，我告诉小美是她的字宝宝们长大了，小姑娘颇感兴趣。一段时间后，我不再局限于字宝宝的内容（实际上对应起来又麻烦又吃力了），我把不同字体的碑帖选好、放大打印，贴在墙上。我贴上象形文字，鱼、月、鸟、山，还有眉毛的“眉”（这样的字需要家长引领她识认），小姑娘居然能认个大概，在她的眼中，那些字分明就是画，像“眉”字，她看得出下面是一个眼睛（就是“目”），眼睛上面有几根毛，我就会提示性地问她，眼睛上方的毛是什么，伸手摸摸，她就会把小手伸向眼眉，我于是告诉她这个字就是“眉毛”的“眉”；我把楷书和隶书（同一个字）并排贴在一起，问她哪个字个子高，哪个字长得胖，她会指着楷书的字说“这个高”，指着隶书的字说“这个胖”，我指着楷书的字说“她又高又瘦”，小姑娘就一边指着隶书的字一边说“她又矮又胖”……然后我们就一起哈哈笑。

小姑娘总想动我的毛笔，甚至把我最喜欢的一支笔拿着到处戳，戳到不能用。因为小姑娘，我很久不敢动墨，怕她捣乱扰了我写字的心情，也怕她打翻我的墨没法收拾。当然，这只是我荒于书写的一个冠冕堂皇的理由罢了。

周围朋友说，你写字那么好看，小美将来写字一定好看……我不敢确定她将来是不是写得好看，但我期待和希望她比我写得好，至少比我写得专业，我更期待她学书法的同时学做人，希望她懂得书法乃至艺术的美，成为一个重情、有趣的人。

教 养 心 经

很多父母急于让孩子识字、认字，把很小的孩子送去识字班，也有不少父母说自己字写得不好看，于是将孩子送去学写字……这些我都不认同。我反对把写字功利化，因为我知道功利心是做事的大敌，他会让孩子无法获得做事本身的乐趣。

汉字是我们中华民族的瑰宝，是世界上最古老的文字之一，汉字是有生命、有灵魂的，我们应该尽量让孩子亲近她、继而喜欢和热爱她，并将这种爱生发而成的欣赏、感受慢慢积淀在生命里，成为孩子的审美品格、精神底色。

书法并不是高高在上、不近人间烟火的。一面书法墙，不过是在家里形成一种氛围而已。然而这种融入了我们生活的生态化的书法才更有生命力和影响力。

本文作者

张显辉，中学语文一级教师，教育硕士，董一菲诗意语文工作室栏目主持人，任教于黑龙江省大庆市第二中学。大庆市兼职教研员，大庆市优秀教师，语文教学标兵，青年教学能手。有多篇文章在《中学语文》《中学课程资源》《考试·教研》《书法赏评》等期刊发表。热爱阅读，坚持书写，乐于钻研，崇尚诗意。坚信教育是唤醒，是点燃，是引领，是播种。尊重每一个学生，并尽其所能引领学生的兴趣，激发学生的潜能。愿在语文的路上诗意前行，愿用语文影响更多学生。

亲子共读，为爱朗读

——橙子绘本阅读二三事

亲子阅读应从何时开始？怎样才能让孩子喜欢阅读？亲子共读到底为了什么？我想很多初为父母的人们都有过类似的疑惑。在与小橙子的共读摸索与实践中，我渐渐认识到：先有亲子陪伴，后有为爱朗读。亲子共读最美好的意义莫过于陪伴，给予他满满的爱意和安全感，让孩子在阅读中享受真善美和情意趣并因此受益终身。

小橙子六个月时，我为他朗读了第一本绘本——《蹦》。永远难以忘记那个场景：小橙子趴在床上，用莲藕般白嫩光滑的胳膊撑起上身。我把书摊开放在他眼前，指着书页大声地读道："蹦！"然后蹲在地上迅速蹦起。我一遍遍地读，

一遍遍地蹦，如此循环……橙子扑闪着大眼睛凝视着我，旋即开心地大笑着歪倒在床上。

渐渐地，我们共读的绘本越来越多，小橙子也越来越喜欢阅读。共读成为每天必备的亲子互动游戏。有时疲惫的我刚下班走进家门，小橙子立马迎上来，伸出胖乎乎的小手，牵着我来到书房，用清脆的童声下命令：“妈妈，读书！”两岁时小橙子已经阅读了六百多册绘本。亲子共读对孩子的滋养和改变是“随风潜入夜，润物细无声”的。小橙子的每一步成长都让我们惊喜万分。

小橙子开口说话早、吐词清晰、表达准确，就是亲子共读为孩子带来的最直观的改变。与此同时，阅读绘本更让我们看到小橙子的细心观察、从善学习。

有天下班，小橙子的奶奶告诉我，小橙子不知怎么了，非要将所有的鞋子一字排开，整整齐齐地摆放好。然后追问我是否这样跟他要求过，说家里人挨个问了，都说没有。看我摇摇头，奶奶更为困惑。玄关处的鞋子因为常穿常换的缘故，多半是横七竖八地散在地上。既没有人特意强调过，我们也没能以身作则收拾整齐。那究竟是什么原因呢？我一直苦苦思索却不得其解。

终于有一天，在和小橙子一起重温曾阳晴的《妈妈，买绿豆》时，我找到了答案！

原来是书中的阿宝和妈妈一起坐在门口吃绿豆这一页，小橙子观察到画面中两人的鞋子都整齐地摆放在鞋柜上这个小细节。而我的注意力却在“吸溜——”两个字上。觉得自己眉飞色舞，夸张地表演出“吸溜”这个动作已经很用心了。没想到，小橙子却比我看得更多，看到了被成人忽略的画面。而更让我们欣喜激动的是，阅读在潜移默化中让小橙子成长为一枚小暖男。

有天傍晚，我去上晚自习了，家里只有小橙子和奶奶在家。偏偏不巧的是，晚饭奶奶吃坏了东西，不太舒服还吐了两次，她只好蜷缩在客厅的沙发上休息。原本在书房兴致勃勃地玩着磁力片的小橙子扭头没看到奶奶，便大声问：“奶奶，你在哪里呀？”

“我在客厅里，奶奶有点不舒服，想躺一会。小橙子你乖，自己玩一会。”奶奶有气无力地回答着。

小橙子连忙从书房跑出来看了看奶奶，然后又转身回书房了。等到他再出来的时候，手里拽着自己的小毛毯，拖到沙发边，奶声奶气地说：“奶奶你这样睡会冷的，我给你盖好就不冷了。”奶奶说当时一阵暖意涌上心头，疼痛都减轻了几分。

“鸽子大妈说过，感冒的时候最好是喝粥。奶奶，我给你煮粥！”小橙子又跑回书房，扭开他的厨房玩具，开始煮粥。只听到一阵噼里啪啦声音后，小橙子又跑了出来。

“奶奶，粥煮好了，我来喂你吃吧！”小橙子端着玩具小碗送到奶奶身边，一勺一勺地喂奶奶“吃粥”，边“喂粥”边高兴地说：“奶奶吃了我的粥，很快就会好起来的。”奶奶怀着巨大的欣慰，配合着小橙子，一口一口地吃下他亲手煮的“粥”。

喂完“粥”，小橙子看着病恹恹的奶奶说：“奶奶，我陪你睡。奶奶，你哪里痛，我来给你揉一揉，揉一揉就不痛了。”说完就开始脱鞋子，挤进奶奶的怀里，伸出小手要给奶奶揉一揉。

当奶奶向我讲述这一幕时，我也深深被感动了。小橙子的话语大多都是绘本《餐具总动员》中的。原以为孩子是对厨房感兴趣，没想到往日那个调皮捣蛋的小男孩，却从中学会了关心人。他真的长大了。

教养心经

想要实现有效的亲子共读，首先应当建立在高质量的亲子陪伴上，其次是为孩子挑选适龄的绘本和采取孩子易于接受的方式。读绘本并不是任务，它应当和出去散步、搭积木、骑小车一样平常。下面分享一些我在亲子共读中的体会和浅见。

1. 阅读这件事，越早开始越好，什么时候开始都不晚。我们可以从孩子出生后就每天给他唱儿歌，诵读童谣甚至是简单的古诗。

2. 建议爸爸、妈妈亲自阅读。尽量字正腔圆、声音洪亮、声情并茂，并配上夸张的表情和肢体语言来吸引孩子。故事机可以作为暂时或短期补充，但不能取代父母的陪伴和朗读。阅读时可以扮演角色，调动孩子的热情。

3. 准备一个绘本架，阅读时邀请孩子参与。阅读时宜让孩子清楚观看书页，也给予孩子玩书的权利。在讲读绘本时，孩子不应是被动地倾听者，我们可以放慢节奏，等待孩子去观察图画、理解文字，参与到共读中来。

4. 对于孩子要求反复朗读的某一册书或是某一页，我们一定要满足，千万不可以因厌烦而拒绝。因为孩子正是通过反复阅读去熟悉这本书，不断掌握巩固加深，从而获得安全感和成就感。

5. 随着孩子年龄的增长，亲子共读的方式可以更多样。除了常规的与孩子轮流朗读绘本，还可以和孩子一起提问绘本、表演绘本、绘画插图、演唱绘本，创作一些与绘本相关的小游戏，增强亲子间的互动，让孩子更喜欢阅读绘本。

6. 从现在开始，为孩子拍照片、录视频、发微博、微信、QQ 空间或者如使用“小花生”APP 为孩子编写书单，写下故事，记录下这段独一无二的亲子共读时光和感受。

本文作者

涂荣，语文教师，现任职于湖北省黄石市第三中学。教书育人，坚守高中教师岗位；喜爱阅读，偏爱中国传统文化；当妈之后，热心推广亲子阅读。曾获第十届全国语文教师“四项全能”教学论文、教学方案、下水作文项一等奖，在《语文报（高中教师版）》《语文教学与研究》《帅作文》等刊物发表文章，多次讲授市级公开课。

陪你慢慢走天涯

“妈妈，到你摘果子了”儿子稚嫩的声音喊着我……

儿年前的圣诞节，我给小家伙儿买了一棵很大的圣诞树，节日过后，它就成了我们母子识字游戏的一种方式——摘果子游戏。我在树上放满了识字卡片，和儿子说树上结满了果子，这些果子都是他熟悉的字，让他扮成小白兔提着篮子去摘果子，每当他摘下自己认识的字，并把他们都装在自己的篮子时，儿子就非常高兴。每次都急着让我表扬他：“妈妈，我厉害吗？”我便竖起大拇指，给他一个大大的赞和一个大大的拥抱，只要我有闲暇时间，就会陪儿子玩摘果子游戏，虽然累，但我们母子却乐此不疲。

儿子今年 5 岁了，我是最近才发现他识字量增大的，因为儿子的爷爷经常说，我放在爷爷家的书，上面的好多字他都认识，还会自己握笔写不少字了，我才意识到，这个小家伙儿在我的间接引导下，也开始无师自通地认字了。

怎么认字的呢？那就边回忆边说了。

儿子刚会坐，总是喜欢在我备课的时候，拿着我的教科书翻来翻去，每次都爱不释手。看他喜欢，我就买来很多布袋书和撕不烂的动物、水果、儿童常识等书籍，我只要忙起工作来，便给他扔下几本书，等到回来时，发现他还是在那里好奇地翻书玩。一岁多时，我开始给他讲有字的图画书，他有个点读敏感期，就是喜欢我用手指着书上的字读给他听，因此，每次和小家伙儿一起看书，都是我先给他读一遍，然后再逐一地点读。慢慢地，他自己也模仿我的样子，煞有介事地学着我的样子做，嘴里不知道嘟囔着什么。虽然那时候儿子说话不清楚，有些音节发不准确，但是我猜有些字他是清楚读音的。

点读持续了很长一段时间，等到儿子说话比较清楚了，我和爸爸就开始和他做有趣的识字游戏，将做好的字卡贴在实物上，比如把“门”贴在门上，我把字故意写得很醒目，粘在儿子能够得着的区域，然后告诉他这个字读“门”，反复几遍，然后，再将一块彩纸贴在字卡上，遮住字卡，但彩纸可以掀开看到字，便对儿子说：“咦，门字怎么不见了呢？谁能帮我找出来呢？”儿子翻开彩纸找到“门”字，很兴奋地告诉我们“门”。活动中，儿子总是很快地记住字的读音，慢慢地，他开始对汉字产生了浓厚的兴趣。儿子很爱看电视，我和爸爸很少控制，尤其是广告里会有很多字，栏目的片头，天气预报里面的各个城市，都是吸引他的地方，也都是他有意无意学习的机会。每到天气预报，不管他正在做什么，都会静静地坐下来看，边看边跟着说，直到现在。

有一次，我领着儿子到办公室玩，他发现墙上挂着一块白板，对此产生了兴趣，便央求我给他买一块在上面写字给他看。我马上到超市买了一块回来，挂在餐桌前，每天写上几个字、一句话或一首诗，饭前饭后教他读一遍，儿子对我这样变着方法地教他识字饶有兴趣，也很配合。

三岁多的时候，待汉字在他的脑子里深深地扎了根后，我就买来很多的识字卡片，正面是字，反面是图，以图带字，从图过渡到字，如教他“泪”字，告诉他眼睛“目”要是伤心流出水了是什么啊？他很快就能学会，还能举一反三，知道“烟”，是因为有“火”。其实每次教儿子的时候都是当作游戏，不当作任务，不定额，有一颗平常心，能认识多少算多少。

屈海玲，本文作者，现任职于黑龙江省绥芬河市高级中学，中学一级教师。曾多次被评为市、校级优秀教师和优秀班主任。有多篇论文获得省、市级奖项。崇尚用真情教书，用真心育人。

幼儿园之前，儿子开始读他认识的字，也就是书中出现他认识的字，那就必须他读，如果我不小心读了，就是我的不对，我要认错，分工明确，不能越俎代庖。这样我就很累，因为我要牢记他哪些字认识，可有时候给他读书的不一定是我。工作原因，我不在家的时候太多，只有把他送到爷爷奶奶家，婆婆不认字，儿子和奶奶时常发生文字大战，据说是奶奶有些字不认识，想蒙混过关，但偏偏那些字是儿子认识的，就毫不留情地揭发了奶奶“浑水摸鱼”的行为。奶奶被爷爷一顿笑话，儿子的小聪明获胜，沾沾自喜，可能这样一来，又激发了他要认识更多的汉字。

上了幼儿园后，刚入园有些不适应的儿子是有情绪的，但我和爸爸总是想着法子地影响他。上学路上，我会在车子里教他认路牌：阜宁路、学府路等。后来又发展到带他出去玩时的游乐场所，儿子每次都会主动问广告牌上不认识的字。慢慢地，他的识字量越来越大了。

原始积累达到一定程度，儿子就开始发生质的飞跃了，他开始独立看书，太多的字他是不认识的，但有自己的小聪明。他看图画书的画面，通过画面去猜汉字，一般都能猜得到，实在不认识的，就会想看到的书中是否出现过这个字，如果有，他会翻箱倒柜地把书找出来，自己去顺，顺到哪个字了，就念出来，然后再回到这本正在看的书。有的时候，他还会批驳某些地方，比如，他感觉奶奶说话不入耳，便指责哪些词用得不好，开始咬文嚼字。

到了这个时候，儿子应该是小有成就了，简单的字会读，有些词也会很好地表达出来，应该说有了丰富的词汇量，有时候也能触类旁通，说出好几个不同的词。比如我说平平，他说安安，又说常常，然后问我是不是都对，我都会夸奖儿子。当然我说的这些都是小游戏，都是孩子喜欢玩的，我们全家都喜欢这样的方式。最近，儿子又迷上了写字，虽说有些照葫芦画瓢的嫌疑，不过却是一笔一画地画，我起初是禁止的，因为握笔太早，后来看他那么投入地做这件事，便也陪着他一起享受这个过程了。

当然，在我们识字和阅读的过程中，也遇到困难，有时苦口婆心并不能解决问题，我也曾苦恼过。但静下心来反思，或许换种方式孩子更容易接受。亲子阅读真的很重要，我和先生一起陪着孩子，识字或者阅读结束后还要一起讨论、分享，而不是单纯地给孩子念一遍书就完了。和孩子在玩儿中学；我相信只要用心，教育也可以很好玩。

教养心经

有人说："幸福就像一只蝴蝶，在被人追赶时总是无法捕捉到，如果你安静下来，它就会栖息在你的肩上。"我们的一生何其短暂，特别是童年的时光更加弥足珍贵，我们不应该缺席了孩子的童年。教育和培养孩子，是一个细水长流的过程，真的需要我们静下心来，放慢自己的脚步，耐心地陪他们识字，耐心地陪他们读文……用自己的阳光人生影响孩子，长长的路，慢慢地走，不管路上有多少艰难险阻，愿孩子的一生，在我们的参与和同行之中，永远都温暖如初。

让孩子像孩子一样长大

我在朋友和同事眼中是一个不折不扣的淑女，举止优雅，落落大方。身边很多人都会问我是不是从小就这么乖？你的父母是怎么把你培养成一个淑女的？每当听到这些，我都会微微一笑，低头不语。不是不想和大家分享经验，而是我的父母在我小的时候并未刻意去培养我，确切地说，他们对我的教育方式就是“散养”。

在我的记忆里，和邻居家的小伙伴疯来跑去是常有的事，我的鞋子的寿命永远没有一双能超过一个月的。大家在一起挖水沟、攻城、抓“蚂蛉”（东北方言：蜻蜓）、上树摘榆钱儿都是每日的必修课。我在邻居眼中就是个“假小子”，我也常常听到别人跟我妈妈讲“这孩子该管管了”。

后来妈妈没有办法，就在她上班时间把我锁到屋子里写作业，下班再放我出来。可是没过几天，我就和小伙伴计划着等妈妈上班后帮我从屋子里“逃出来”，于是踩凳子，翻围墙（小的时候家里住平房）后疯玩一天，再翻围墙回到家里。

所有的这些都不符合一个淑女的风范，但这些美好回忆却深深地印在我的脑海里，我至今仍认为童年是我一生中最难忘的时光。所以为人母后，我常常思考一个问题：在孩子成长的路上我们做父母的能给他们留下什么珍贵的回忆？我在一次和儿子的游戏中找到了答案。

在同事的推荐下，我给儿子买了一套甲骨文配配卡，想让孩子多认识一些汉字，免得将来进幼儿园和其他孩子差距太大。我是虚荣心在作怪，但儿子却特别喜欢，每天吃过晚饭便拉着我的手说：“妈妈陪我玩会儿配配卡吧。”

起初，我怕他对汉字不感兴趣，就先把带有图画的那张正方形卡片拿出来讲一下意义，然后再拿出汉字的甲骨文卡片，最后摆出汉字的楷体三角形卡片，三张不同形状的卡片并排放在一起，这个汉字就一目了然。几遍过后，儿子就基本记住了。

我暗自为自己的这种“汉字教学法”欣喜，也着实佩服这套卡片的设计思路，真是帮助家长解决了难题呀，既有趣味性，又能识得汉字，比我们小时候学汉字便利了许多。

过了几天，我和儿子又玩识字游戏，但儿子却先对我说：“妈妈，今天我们换种玩法吧，我来教你。”他首先把所有的卡片都铺在了桌子上，然后从里面随便拿出了一张“林”的甲骨文卡片，接着对我说：“妈妈，你来找出其他两张吧。”我很快就找出了“林”字的图画卡片和楷体字卡片，像交作业一样把三张卡片放在他的手里。

儿子的小脸上顿时浮现出了兴奋的神情，嘴里大声说着：“妈妈，你太聪明了。”这可是平时我表扬他的话啊。我借势问他：“那妈妈挑出一张卡片，你来找出其他两张，好吗？”“行的！”这次我故意拿了一张不太容易辨认的甲骨文卡片，那就是“牛”，稍加思索，他准确地找出了“牛”字的其他两张卡片。十分钟过后，儿子把所有的卡片都配对成功，然后就跑开了。

我一个人边收拾卡片，边在心里反思，其实我是一个“笨妈妈”，这么有趣又简单的玩法我竟然没有发现。这其中的原因很简单，就是我把识字当作知识来教，把我的孩子当成了学生。期望在游戏中能让他学到更多的知识；但孩子却单

王诗博，女，本文作者，牡丹江市第二高级中学语文教师，硕士研究生，董一菲名师工作室成员。牡丹江市教学新秀。多篇教学设计、教学案例获奖。从教五年以来已逐步形成了朴实无华的教学风格。在教学中努力追求卓越，在反思中不断提升自我，坚信一个语文教师的使命是培养学生的情怀、塑造学生美好的人格。

纯地把它看成了一种游戏，然后享受着游戏带来的快乐。我乐此不疲地教，但孩子似乎并不买账，很快他就找到了更有趣的玩法。

反思才能进步，接下来的几天，我有时间就陪他玩配配卡，我把所有卡片分成四类，分别是自然现象、植物、动物和人的行为，先让孩子来配卡，随后我将他配好的卡片串联成一个简单的故事。每次我讲的故事都不尽相同，但都有完整的情节；孩子专注地听着，慢慢地，他开始给我讲起了他自己编的故事。他编的故事很幼稚，够不上完整的情节，但孩子却是那么认真、专注。我想我的孩子在这个过程中是快乐的，这个识字游戏一定会给他留下难忘的回忆。

教 养 心 经

小孩子的童年就应该是简单快乐的，尽情地玩，尽情地跑，就像我们小时候那样，把自己弄得一身脏兮兮，但每天都是快乐无忧。这种幸福的感觉是长大后任何一次成功都无法相比的。所以，我可能不会让我的孩子过早地去学习各种特长，除非他自己要求。

我们有很多方式助力孩子的成长，让他们变得更快乐，更自信。比如在一些亲子阅读和亲子游戏中去培养他们的成就感。另外，四至五岁是幼儿语言发展的关键时期，我们可以给他们多读一些经典故事，还应有意挖掘他们的语言潜力，让孩子主动张嘴去描述身边的物和事，用语言来描述世界。最后我想说：做父母的切不可功利心太强，更不能把大人未实现的梦想强加到孩子身上。

小小的他，小小的善良

北方的冬天，万物休眠，皆蜷缩成慵懒静默的姿势。

实在困于这单调和枯燥，一大早，我便穿了衣，出去透透气。大街上行人寥寥，偶尔传来小店里喇叭的叫卖，十足的东北气息。不经意间，瞥见路旁蜷缩的身影，破旧的棉袄已经看不出原来的颜色，在这寒冷的早晨，唯一能证明他还活着的，就是鼻尖隐隐的热气。他的面前是一个大号水杯，斑驳的字体依稀能辨认出为人民服务的字，这样的水杯让我不禁猜测他的身份和经历。这样的情境似乎是那么的熟悉，跫足缓滞，仿佛回到上海，我牵着儿子的小手，他的个子那么小，手却那么暖……

那是去年的6月，高考结束后，我带着儿子去了上海——

那个人人口中的“魔都”、那个经济飞速发展的中心城市、那个在认知中就和光怪陆离分不开的地方。儿子名为“沐晨”，因生于早晨9点58分，便取沐浴晨光之意，对他从小便存着一份阳光乐观的希冀。

对孩子的教育一直秉承“看万卷书，行万里路”的信念，除了家中数百本儿童读物，每天雷打不动的故事时间，我最喜欢的便是和他一起旅游。因为丈夫工作繁忙，从2岁开始，每年的暑假，都是我们母子俩的旅行时间。我们一起早早地做好旅行计划，打印出旅行城市的资料，计划好行程、住宿、线路、景点，买好所有可能用到的东西。可即使如此，旅行的过程依然有很多的“意外”。在这些大大小小的“意外”中，沐晨一点点成长，已有了小小男子汉的样子。他帮我拿东西，提醒我可能忘记的事情，按时起床、睡觉。他不娇气，也不挑剔，遇到不顺时总挂着“没事、没事”的微笑。每每是一路辛苦，半生回忆，而这一次，一段小插曲，他却用自己的方式让我在心中重新种下“善良”的种子。

这次的目的地是上海。飞到上海已经是傍晚，网约车司机是本地人，因为找不到地方，诸多方言抱怨，听不太懂却明白语气不善。我一路无言，可沐晨却大大咧咧地一直和司机“瞎聊”。到酒店时已是晚 8 点多了，大概是被沐晨的快乐感染，司机非要帮我们把行礼拎上酒店，热情得和开始判若两人。与“魔都”初见，便是这样一个特别的开始。

奔赴童话城“迪士尼”。早早地去地铁站，看着地铁中的人来人往，我对沐晨千叮咛万嘱咐，社会坏人多，抢孩子的、偷东西的不计其数，千万拉紧妈妈的手，别被冲散了。没到 5 分钟，他就放开了我的手往通道口走去。我气急败坏地跟上去，满口抱怨还没说出来，就顺着他手指的方向看到了一对母女。母亲大概三十出头，中等个头，凌乱的头发随意地扎了个低马尾，身穿黑色的短袖短裤，洗得已经有些发白。女孩五六岁的样子，走路一瘸一拐，脸上挂着两个大大的“高原红”，身上的白裙子已经变成了灰色。

“行行好吧，我们到上海找她爸，包丢了，饭也没吃，行行好吧。”“没想到上海也有乞讨的，还用这么老掉牙的苦情戏码，这年头骗子真多啊。”心里嘀咕着，便拉着沐晨要去乘地铁。可这小子动也没动，还是看着那对母子，“妈妈，那个姐姐说饿了，我们把吃的给她吧”。

“宝贝，这是骗子，就为了要钱，咱们快走吧。”

他好像没有听到我的话，把我手里的零食袋拿了过去，袋子很沉，他只能用两只手一起拎着，身体随着袋子摇摇晃晃的，只有几步的距离对他来说好像费尽了力气。

我无奈，却只能由着他去了。他把大大的袋子拎到女孩的身边说："姐姐，这是我的零食，都给你了，你什么时候饿了就吃。"女孩看她妈妈的时候，沐晨便把袋子的提手放在了女孩的手心，飞奔了回来。大概是怕女孩不要，他拉着我的手便要离开。感叹骗子的好命，我们转身正要走，那个母亲却从后面追过来说："大妹子，太谢谢你了，你能把电话号码给我吗？我找到她爸爸，一定把钱还给你。"我摇头，心想，这年头要饭的怎么这么多套路，不知打的什么鬼主意，她依然纠缠，我实在无奈，便把自己已经停机的号码给了她，这段插曲告一段落。

在地铁上的时候，我问沐晨，"你把吃的都给姐姐了，你饿了吃什么？"他竟狡黠一笑，抱着我的脸大大地亲了一口，"嘿嘿，我有妈妈"。我笑了笑，这鬼机灵。

之后的日子非常愉快，迪士尼的童话、黄浦江的风、东方明珠的空中栈道、田子坊的长薯条、南京路的老戏骨，都分外新鲜有趣，我和沐晨为期半个月的上海之旅转眼就快要结束了。

临行的前一天，我们去了酒店附近的超市购物，快要结账的时候，突然被一个女人拉住：“大妹子，真的是你啊，这上海也太小了，我给你打电话想把钱还给你，可是你电话停机了，我实在找不到你。太谢谢你和你儿子了！”她赶紧翻兜，从一堆零钱中抽出两张20和一张10块的票子塞给我，“妹子，我们钱不多，不知道够不够。不够我再给你拿。”我定睛看了半天，才想起她是地铁站的“骗子”母亲，她身后站着那个“高原红”女孩和她的农民工丈夫，半月不见，她的脸色红润很多，脸上满满的幸福。

我这才知道，她的丈夫在上海打工，她带着女儿在陕西的农村守着老人，趁着丈夫放假，她独自带着女儿来了上海。可在火车站却弄丢了包，寻找了一天未果后，才想到了乞讨。她说：“上海真好，那么多人帮助我们，我当天就找到了我家他……”

这时，沐晨拉着我的手，小眼睛眨啊眨的，可爱地笑着。我看着他，忽然觉得，这世界好像也没那么坏。

“妈妈，我们给阿姨和姐姐再买些吃的吧。万一以后她们又把包包丢了该怎么办呢？”

“好，这次听你的。”

母亲听到我们的对话，赶紧摇着手说："不行不行，我们怎么能随便要你们的东西呢，不能要不能要。"

我看着母亲的坚定，突然觉得羞愧，这似是慷慨的施舍，却并没有照顾到她们的自尊。

"这样吧，既然我们这么有缘，住的还是一个区，就一起吃顿饭，我儿子也是第一次来上海，就算和小姐姐交个朋友，好吗？"

"那，好吧。"

就这样，母亲带着孩子和丈夫，和我在超市旁边的拉面馆里，吃了顿开开心心的中午饭，结账时，母亲执意付款，怎么也推脱不过。

这样故事般的巧遇，有了一个美好的结局。我欣欣然，分离时，拉着儿子小小的手，一直目送他们一家三口的背影，很远很远……突然就想起了地铁站里，儿子摇摇晃晃的背影，小小的，也大大的。

"儿子，给你买的饼干呢？"

"啊，我放在了小姐姐的包里。"

……

收起回忆，不知过了多久。行人越来越多，街道也热闹起来，路旁的行乞者依旧安静地蜷缩着，我买了早餐，安静地放在他的前面，不是施舍救赎，只为浇灌心中那名为善良的种子。

那个小小的人该起床了，我也该回去了。

教养心经

这段故事般的巧遇，让我对善良有了新的认识。很多时候，为人父母的我们总是急于把世界的黑暗、复杂灌输给他，希望他聪明些、智慧些，可有时我们自以为的聪明智慧，不过是凡尘中最虚假的借口。我们冷漠、虚伪、势利，越来越会保护自己，也越来越孤单。

很多时候，我看着那些可怜人，心里就会浮现出儿子那个稚嫩的小小的背影，他的善良，告诉我，你需要的时候，只要我有，就可以给，理由什么的都不重要。教育，不只有文化的教导，还应有心灵的培育，一路相伴，就让我们这样走下去！

彭新颖，2009年毕业于哈尔滨师范大学汉语言文学系，黑龙江省牡丹江市宁安一中高一语文备课组长。从教九年，乐于向学，勤于思考，勇于实践，连续出版了多期学生作品班刊，多年执教高三，多次获得国家级、地市级教学设计，教学反思奖项。精勤立业，诗意生活，坚信根植师苑德为本，探航教海爱为帆！

养出爱读书的好孩子

腹有诗书气自华。孩子不识字怎么读书？如何引领孩子读书？怎样养出爱读书的孩子？这是学前幼儿的家长迫切需要解决的问题。笔者既作为一名热爱读书、从事语文教学的一线教师，又作为一个朴实、温情的母亲，现将自己粗浅的文字奉献给大家，请诸公点评。

“爆竹声中一岁除，春风送暖入屠苏，千门万户曈曈日，总把新桃换旧符，祝全家人新年快乐！”在儿子沐沐稚嫩的祝福声中二零一三年姗然而至，距儿子的四岁生日也只有两周了。

“妈妈，我要过生日了，你送我什么生日礼物呢？”沐沐在客厅一边玩玩具，一边喊道。还未等我回答，他急切地说：

“我想要玩具汽车，手枪也行。”

我放下正在阅读的一本书，走到装满玩具的箱子前面问他：“你看，玩具都快挤不下了。”

他噘着嘴说：“可是我还是想要新玩具。”

此时，我心情有些许沉重，作为一名教育者，我深知对孩子进行精神喂养的重要性，一般来说，孩子四岁半到五岁半是阅读的敏感期，也称为“黄金阅读期”，应该培养孩子读书的兴趣了。作为一名语文教师，我更不能错过这最佳的读书期。

我牵着他说：“玩具我们玩一玩就会厌倦，妈妈送你一样永远也不会厌倦的生日礼物，好不好？”

“好呀！是什么呢？”他好奇地问。

我说：“我要送你一件能读书的礼物，因为读书让人充实。你知道吗？苏东坡是宋代伟大的文学家，曾在简陋的草棚里和儿子一起背书抄书，乐此不疲；曾国藩半生戎马，行军途中也会抽时间看书。妈妈希望你也喜欢读书。”

“可是，我不认识字，书里面好多字。”沐沐走过来一边翻书一边说。

是啊，沐沐今年才四岁，上幼儿园中班，还未开始识字，但不认识字，就不能读书了吗？

我拉着沐沐坐在书桌旁，告诉他：“有了这个礼物，即使你不认识字也能读书。咱俩约定一件事，每天早上九点至十一点你陪妈妈读一本书，妈妈陪你读一本书，读完我们比赛，看谁收获多。”我伸出小拇指，沐沐会意地也伸出小拇指与我拉勾。

“好呀，妈妈我们现在就开始吧！”沐沐已经急于尝试这个游戏。还未等我说完，他就一溜烟跑到房间找书。

我走进书房，心想，选一本什么书呢？《鲁滨孙漂流记》映入我的眼帘。我惊喜万分，鲁滨孙在海上的历险以及他在孤岛上的奇异生活，不正满足孩子这个年龄段的好奇心吗？

我拿着书回到客厅，只见他手里拿着一本《小学生必背古诗词》。我好奇地问：“你哪来的这本书？”他神秘地说：“我是从姐姐的桌上拿来的，因为我发现每个字都有拼音，我可以照着拼音读。”我一下被怔住了，原来孩子的读书欲是如此强烈。

“妈妈，先读我这本吧！”沐沐充满期待。我接过书，读道：“长歌行，汉乐府，青青园中葵，朝露待日晞……”沐沐也一本正经地跟读，还时不时瞅瞅书上的字。就这样十几分钟

赏花节

后，他很快背下了这首诗，并讲了他的理解，尽管逗得我捧腹大笑，但我还是及时肯定了他。

看着他很有成就感的样子，我也很沉醉。“读书小明星，还有更棒的书和故事等你呢！”说着我举起《鲁滨孙漂流记》。“哇！”他一下抢过我手中的书，边翻边惊叹于书上的各种插图。“快读，快读，妈妈。”他催促道。

时间在读书声中悄然流逝，书的第一部分读完了，沐沐仍然沉浸在故事情节中，“妈妈鲁滨孙最后出海了吗？他出海遇到海盗没？”一连串的问题让我应接不暇。

我故作神秘地说：“这个嘛，要等明天读书时才能知道。接下来是复述故事时间，谁先来？”

“我。”沐沐抢着说。

他复述得津津有味，我向他投去赞许的目光，他讲得更起劲了。接下来，轮到我复述，在复述中我特别强调了他遗漏的地方，他也很快发觉了，冲我做鬼脸。我刚讲完，他便说：“妈妈真棒！”他竖起拇指赞扬道。

作为母亲，面对一个模仿能力极强的孩子，你培养他读书的习惯，要他坐在椅子上一动不动，那比登天还难，说不定以后还会厌恶读书。你能做的，就是给他一个良好的模仿对象。中国家庭教育之悲哀，在于长辈惯于言语说教，少有身体力行的示范。你若想让他读书，自己就要先读书，尤其在他面前读书，让他觉得读书就像爸爸兜中的笔，妈妈包里的口红一样，迫切地想去尝试。

接下来我都按约定的时间读书，沐沐也按自己的承诺去读书。

生日那天，我送给他一只可爱的兔子故事机，说："这可不是一只普通的玩具兔子，它会讲许多神奇的故事呢！""太好了，我每天都可以听故事了。"沐沐高兴得跳了起来。

"那么，接下来，我们应该列一个阅读书目。书有好也有坏，好书如益友，坏书如损友。"我取出笔，摊开一张纸。

"我要读《猪猪侠》《奥特曼》。"沐沐说出他最喜欢看的动画片，我不禁皱起了眉头。那些品味不高，制作粗劣的动画片，无疑污染着孩子稚嫩的心灵。必须给孩子的心灵注入一股清泉，让他感受高雅人生，拥有阳光向上的心态。

"宝贝，妈妈告诉你，有比《猪猪侠》《奥特曼》更有趣的故事，比如《西游记》，故事中有美猴王、猪八戒等有趣的人物。""我要读，我要读。"沐沐急切地说。我们列出了涵盖中外文学作品的书目。

我把这些图书的语音版下载到小兔故事机中，沐沐每天都如约跟读，一周之内就听完了《西游记》《水浒传》，他对《三国演义》特别感兴趣，连续听了三遍。

于是，沐沐和我在餐桌上的话题由奥特曼转向了鲁滨孙，由猪猪侠转向了丁丁，甚至能和他在大学教书的伯伯讨论赤壁之战。

此后，我的家里弥漫着书香，我的沐沐最爱的事便是读书。我们母子俩常在书海泛舟，沉浸在阅读的幸福海洋中。

教 养 心 经

孩子是什么？孩子像个空瓶子，装什么就是什么！比起玩具、动画片，孩子更需要境界和智慧。

姚文田说："世间数百年旧家无非积德，天下第一件好事还是读书。"想要孩子爱读书，我们父母先做爱阅读的父母。卢梭说过，三种对孩子不但无益反而有害的教育方法是：讲道理、发脾气、刻意感动。

最好的教育，从来不是粗鲁的指责抑或是顺其自然，而是亲自示范，甚至蹲下身，拉起孩子的手，陪他一起欢笑，一起悲伤。

父母是高山，孩子就会是险峰；父母是大海，孩子就会是激流；父母腹有诗书，孩子必定气自华。

本文作者

于晓英，女，毕业于西北大学中文系，东北师范大学研究生结业，中学一级语文教师。2013年、2015年均获宝鸡市教学能手称号。在省、市级报刊上发表多篇论文。2017年获全国课题研究优秀教师荣誉、全国文化作文大赛优秀指导教师称号，创建了校话剧社与辩论社。“路不行不至，事不为不成”是我的座右铭，“完美的教学一定能让学生感受到人性之美、人伦之美、人道之美”是我的人生信念。

我的亲子漫画
——宝贝成长的另一种记录方式

我从怀孕那天开始用漫画的形式记录我与孩子的共同成长，没想到这一画就一发不可收，孩子长大的每一个瞬间我都想要用画笔记录下来。虽然不专业，也不算生动，但是成长过程不可逆转。一笔一划，画勾线上色，自己亲手画出的感觉如此深刻，即便是胡乱的涂涂画画也是一笔很珍贵的财富，每一个漫画的镜头都是一行行动人的诗句。

成长感悟篇——爱吃糖

时间就像下滑的自行车，越走越快，只一会儿，原来那个蹒跚的孩子就甩掉我搀扶的手，独自冲向了一道道小沟坎。宝贝已经两岁半了，开始任性，对于吃尤其挑剔，从来不吃肉，只吃清水面条，可对于糖是来者不拒。

糖的魅力是无法阻挡。有一次我们带着宝贝去打预防针，可她硬是不让医生扎针，腿不停地乱踢，使劲地摇头，两个大人都逮不住。为了暂时稳住她的情绪，奶奶许诺打完了以后就给她买糖，很快她就安静下来。我心里有点不情愿这样做，但当时又没有别的办法，只好用糖来哄她了。

打完针，第一件事就是拽着我们去超市买糖。犹豫再三，还是带她去买了糖，因为我教育孩子要讲诚信，说话必须算数。她迫不及待地连撕带咬扯开了棒棒糖的包装纸，伸出舌头小心翼翼地舔了一口，闭上眼睛，无限满足地吧嗒吧嗒嘴。

然后，睁开眼睛，又舔了一口，抬起头来，举起手中的棒棒糖，冲着我说："真好吃。"吃完了一个，不过瘾，又要吃。

我极力压制住心中的怒火，跟她讲道理："宝贝，糖吃多了牙疼。你给妈妈吃吧。"

"哼，骗人，给你吃，你就不牙疼吗？"她小嘴一噘，一副不甘示弱的样子。

我一本正经地回答：“妈妈吃完糖会刷牙，你又不刷牙！”

宝贝忽然瞪大眼睛紧张极了：“妈妈，真的会牙疼吗？我有个好主意，一边刷牙，一边吃糖就不牙疼了，我要学刷牙。”

我当时真的一时语塞，不知怎么办了。

看来，改变女儿吃糖多的坏习惯，硬性强迫的效果几乎是零。我到书店买了一本《小熊拔牙》。讲的是小熊爱吃糖，爱吃甜的食物，可是，它不刷牙。小熊牙疼去拔牙，大夫累得满头大汗也没给它拔掉坏牙。最后找来小动物帮忙，才把它的坏牙拔掉。这以后小熊坚持刷牙，两排雪白的牙齿，再也没疼过。

我津津有味地读了起来，没想到女儿听完故事大受启发，她自言自语地说，以后可要少吃糖，不然我也牙疼了。所以她吃完甜的食物就会跟我说：“妈妈，我去刷牙。”早早培养漱口刷牙的好习惯，才是预防孩子龋齿的最好方法。

一粒沙子蕴含着一个世界，一滴露水足以反射太阳的光辉，一则故事包含着大道理 。

温情感人篇——宝贝，对不起

亲爱的宝贝儿，对不起，你受苦了。你看似得了公主病，其实是你模糊地表达自己的需求，你表达有限、词汇有限，只好懊恼大哭，你的公主病不是天生就有的，是大人们的错。

我们学校是寄宿制学校，上晚自习，值夜班，周日上课。安之成了周末宝宝，我们也成了周末父母。周六下午我要返回城里，第二天要给学生上课，我正要出门时，半睡半醒的宝贝突然大哭起来："妈妈，妈妈……妈妈，你别走，妈妈……"听着孩子撕心裂肺的哭声，我心里真是跟针扎一样。等安抚好孩子的情绪，我恋恋不舍地走了。坐在公交车上，我感觉自己像一个罪人，一个不可饶恕的罪人。我头靠在车窗上，看着车窗外漫天飞舞的雪花，眼泪止不住地往下流。

我刚下公交车，就接到了丈夫的电话："你在哪？赶紧拿着家里所有的银行卡，孩子磕破头了。"我顿时感觉四肢无力，心里发慌，我站在路边使劲地挥手召唤出租车。他们一听去乡下，雪大路滑，不管多少钱都不去。我站在风雪里瑟瑟发抖，号啕大哭，拼命地挥手想截住一辆出租车。

过了十几分钟，终于有一辆出租车停到了我跟前，我带着哭腔地哀求道："师傅，求求你，你把我送到刘杜（乡下老家）吧，孩子磕破头了，不通车，爷爷奶奶抱着孩子走着去市里医院呢，不管多少钱我都给，求你了，求你了。"出租车司机犹豫了一会：“上车吧，孩子要紧，我本不想去，我们也怕路滑出安全事故。”

我往老家赶，孩子的爷爷奶奶抱着孩子往医院赶，在半路上被遇到的好心的同乡送到了医院。当我赶到医院看到奶奶蜷缩着身子抱着孩子，孩子满脸满脖子的血。我来不及哭，我大声喊着：“快，快找医生啊。”爷爷奶奶都是文盲，不会挂号，就一直在等我们。我心里又急又气，只能竭力压制内心的情绪：“爸、妈，没事，小孩子磕磕绊绊在所难免，你们别太担心了。”

孩子在手术室里，哭得撕心裂肺，她爸爸使劲摁住她。我们紧张极了，额头上的汗直流。宝宝哭哑了嗓子，走出手术室第一句话：“妈妈，好疼，妈妈你别走。”宝贝，亲爱的宝贝，对不起，妈妈不会走了，就是天大的事情妈妈也不走了。

第二天，宝宝好像忘了疼。她爱拿着我的手机看动画片《熊出没》，看着看着好像想起来什么，突然拿着我的手亲了亲，深呼吸一下：“哇，好香啊，这就是妈妈的味道。”这语言也太有天赋了吧，我抱起她使劲地亲她的脸：“宝贝，太棒了，妈妈的味道是不是香香的呀。”原来动画片《熊出没》中有一集是熊二小时候想妈妈了，想妈妈的味道，她看动画片的时候就记住了这一情节。

自从有了你宝贝，我才发现时间如流水，我想用漫画的方式记录你成长过程中的酸甜苦辣。或许你现在看不懂妈妈的日记漫画，或许你早已被五彩斑斓的世界吸引，但是妈妈相信，等你披上洁白的婚纱步入婚姻的殿堂的时候，妈妈把这本属于你的漫画册送给你时，你也许会读懂妈妈，宝贝，我爱你。

教养心经

尹建莉老师在《好妈妈胜过好老师》一书中提到："善良的人，才是和世界摩擦最小的人，才容易成为幸福的人。在心态上不苛求的孩子，长大后他的处事态度会更自如，人际关系就会更和谐，会获得更多的帮助和机会。"陪伴是最好的家庭教育，一个阳光温暖的妈妈就是一个鸟语花香的天堂。作为父母我们要学习如何教育孩子，陪伴是最长情的告白。

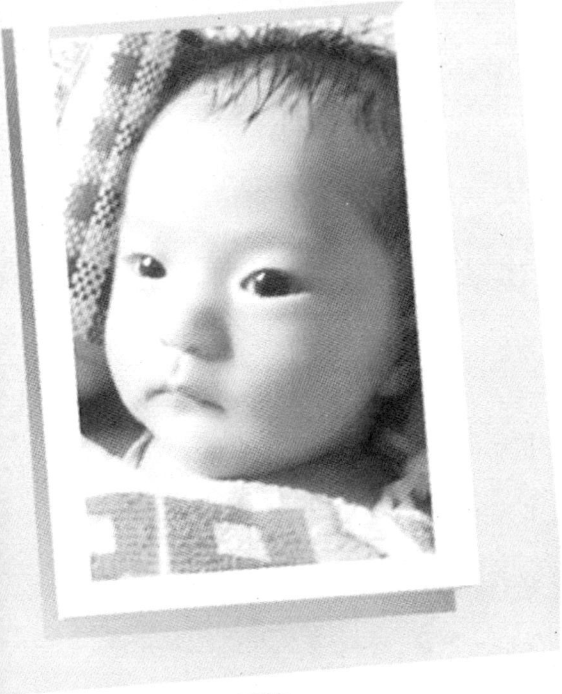

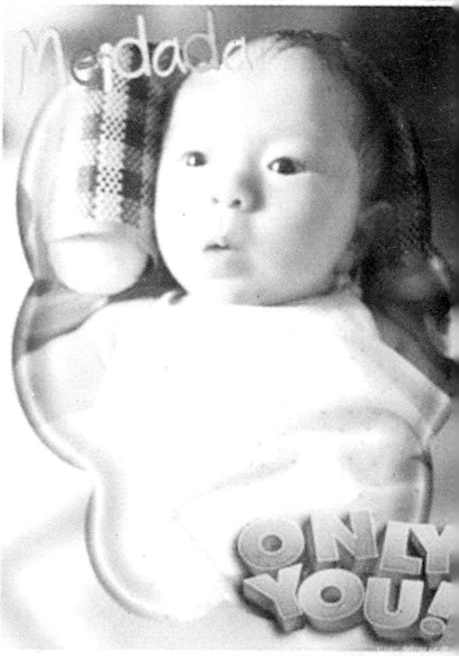
ONLY
YOU!

本 文 作 者

公维桂，第二届语参杯百佳语文教师，全国语文教师四项全能奖获得者，董一菲名师工作室成员。泰山教学新星，新泰市优秀知识分子，新泰市课程资源先进个人，新泰市优质课一等奖，新泰市课程资源优质课一等奖，泰安市执教作文公开课。文章散见于《中学语文教学参考》《语文知识》《语文周报》《学语文》《青年教师》《格列佛游记精解速读》《大教育家周刊》《教育研究》《荆州教育晚报》等。迷恋折叠线装书中的情怀，追寻旁逸于微茫尘世的诗意。

小书虫养成记

女儿亓子墨已四周零三个月了，她的名字来自“君子善笔墨纸砚”。也许和我们给予的期望有些关系吧，子墨小同学虽刚上幼儿园小班，但早已识字，可以独立阅读了。在宝贝成长的过程中，我有过困惑和迷茫，但当我自认为消极无所作为的时候，宝贝却带给了我意想不到的惊喜。

第一次当妈妈，我对于童书的选择毫无头绪，后来通过阅读育儿书籍，我懂得了“绘本”对于幼儿阶段孩子的重要性。于是，我开始在网上精选绘本，买回来给子墨读。为了让子墨亲近汉字，我坚持指着字给她读书，在读的过程中我尽量做到字正腔圆、感情饱满、绘声绘色、入情入境。刚开始，我每翻一页就直接指着字读，可我发现宝贝却在那忙着看图

李秋菊，本文作者，硕士研究生，中学一级教师，任教于黑龙江省大庆市第二中学。主持大庆市“十三五”教育科学规划课题，荣获大庆市首届教学基本功竞赛授课能力一等奖，“第24届中华圣陶杯中学生作文大赛”指导二等奖，大庆市微课大赛三等奖，在《现代语文》《才智》等杂志上发表文章。

呢，根本无心看我指的字。其实，我又何尝不被绘本生动有趣的画面吸引了呢？这不就是绘本的魅力吗？后来，我调整了方法，让宝贝去翻页，她每翻一页，我俩先欣赏一会儿图。这样，在我读的时候宝贝就能认认真真地看字，用心去体会故事的情节了。

亲子阅读是一天中最美好的时光。通常我俩会紧紧地依偎在一起，把书摆在我俩中间，或者是她拿着书坐在我的怀里。一个个充满想象力的故事让我们沉醉。读到有趣的情节，我俩会对视一下，然后笑得前仰后合；读到感动的瞬间，我俩会默默地互相拥抱，感受彼此的心跳。书、宝贝和我，我们仨成了真正的互相理解的朋友。

从那时起，宝贝爱上了绘本，我也一样。于是，我开始疯狂地在网上一箱子一箱子地买绘本。每次下完单，我都会忍不住地第一时间告诉宝贝，“子墨儿，你会自己吃饭了，嘟嘟熊为了奖励你，又要给你送书来了”。“妈妈，那嘟嘟熊什么时候到啊？”她立刻焦急起来。等待嘟嘟熊到来的日子，甜蜜而又难熬。子墨会经常跑到我身边问我：“妈妈，嘟嘟熊什么时候来啊？”终于接到了嘟嘟熊的电话，我飞奔下楼，想着宝贝那欣喜的呼唤，我抱着一箱子书尽可能快地爬上楼，刚一进屋，等在门口的她就扑上来，我俩迫不及待地用手撕拽快递箱上的胶带，摸索到可以一下子把纸箱打开的缝隙，然后抠大那个缝隙，再撕开。有时实在打不开，我就只好去拿剪刀，回来时，宝贝还在那用力地撕扯呢。终于拿出来了，我俩把书全都搬到沙发上，兴奋地把每本书都大致地翻看一遍，过足了瘾，宝贝会选出几本她喜欢的，我俩再一起慢慢地品味享受，其余的书都翻开放在阳台上晾晒。

家里的书房是开放式的，卧室地上有小书桌和台灯，客厅也有小书架，书处处有，可以随时随地阅读。为了保护子墨的眼睛，也为了我不在家时她能够及时地听到想听的故事，我为子墨请了好多“老师”。我给她买了和《幼儿画报》配套的点读笔，还有只要语音输入想听的故事，就能马上讲出来的智能机器人“小蛮”。除此之外，我还教会了子墨用iPad听《凯叔讲故事》，每天更新的、以往听过的绘本故事，宝贝反反复复地不知听了多少遍。我还买了五部《凯叔西游记》随手听，陆陆续续地，宝贝已经听了两年多了，《西游记》的故事情节早已熟记在心。子墨小同学彻彻底底地被我养成了一只“小书虫”，每天只要睁开眼睛，不是读书就是听书，手不释卷，拥书入眠。

有一段时间，我和她爸爸工作都很忙。宝贝说："妈妈，你能给我读这本书吗？"我俯下身来，注视着她那期盼的小眼神，充满歉意地说："子墨儿，妈妈有点忙。你能不能先玩会儿玩具？"当宝贝的热情被多次拒绝后，她干脆谁也不找了，自己读。我发现她用手指着字一行一行地飞快地念着，但她念的与文字根本对不上。她只是凭借着记忆力，结合着绘本上的图在随口编故事，编不下去时，就会冒出一堆"乱码"，但绝不中途停歇。我笑着对她姥姥说："妈，你看，好像她认识似的，还一行一行地指呢。"后来，我们还是买书、读书、听书，但子墨也保持了自己指着读的习惯了。指着指着，有一天，我突然发现，她好像一下子神奇地认识了好多字，真的就可以自己独立地阅读了。

有时我想，是不是没人给宝贝讲故事的那段时间，激发了她识字记忆的潜能呢？还是书读得多了，字看得熟了，就自然而然地认识了呢？我也不能做出确切的解释。

这时，我俩的阅读就有了新的变化。我俩会分角色朗读，或者一人念一页。在她读的时候，我会提前预设一些她可能不认识的字，等她读到那个字的时候，马上告诉她，她会按照我的读法读出来。如果我告诉了她已经会了的字，通常宝贝会非常不耐烦而且很生气地大声对我宣布："这个我会！"然后就不理我，继续忙着读下去了。

以前，每晚睡前是我给子墨讲故事，现在我可享受了，她主动要求给我讲故事。子墨会声情并茂地给我讲《小红帽》《小猫钓鱼》等故事，有时也会给我讲她自己编的情节夸张离谱的故事。她的睡前故事很长，有时我都好像已经迷糊地睡过去了，还听得见宝贝在那儿忘情地笑着，追问我："妈妈，你说逗不逗？逗不逗？"我顽强地从睡梦中醒来，努力地从嗓子眼儿发出"嗯"的声音。

有时，我俩还会自制绘本。子墨负责绘画和编故事，我负责执笔和装订。有一次，子墨编了一个《狼和小兔》的故事。那个小兔子每次都能在快要成为狼的美餐的时候侥幸逃脱。在故事的最后一页，宝贝边说我边写下："它'扑'地一声逃了出去，后来，小兔子把一个雪人儿堆在了大灰狼家的门口。""这就是那个雪人儿。"宝贝指着画面上仅有的一只兔子说。我想象着当那个大灰狼看到这只雪兔子时的表情，结尾还挺耐人寻味呢。突然觉得画面有点单调，就建议宝贝，"你可以再画点花花草草""下雪天就得白茫茫一片"，说完，拿着她的杰作给姥姥、姥爷炫耀去了。

除了读故事书，我和子墨还一起背了几遍《弟子规》，偶尔会背背诗，《声律启蒙》正在背。我认为童子功非朝夕之力而能达成，坚持着不放弃就可以了，更多的时间还是享受美妙的阅读吧！

教 养 心 经

阅读是一种浪漫的教养。孩子的言行举止里一定藏着他阅读过的书。你可能不会明显地感觉到孩子的变化，但随着孩子的慢慢长大，阅读的魔力将会随之而来。我们家长要做的，仅仅是为孩子们创设更好的阅读环境，给予他们最好的精神营养，做孩子生命中坚持不懈的引领者。

言传身教助力暖男成长

大豪、小豪是我的双胞胎儿子。在双豪成长的过程中，我没有手把手教过他们识字、书写，没有教过他们背诵唐诗三百首，更没有时时刻刻地倾心陪伴。与很多为了孩子放弃自己一切的妈妈比，我不算是称职的妈妈；但从双豪成长的轨迹来看，我也不算是失败的妈妈。

天气阴沉，雾霾重重，这条路暂时很安静，暂时没有喧嚣的车流，没有鼎沸的人声，只有这昏黄的路灯将我们母子三人的身影拉得很长很长，我刚刚从小饭桌把双豪接到手。坐上滴滴，他俩就很安静，司机很好奇地问我，“是不是双胞胎啊？他俩好乖啊！”与他简单地攀谈了几句后，下车时，司机说：“车多，你带两个孩子过马路慢点。”心里暖暖地感动着给他道了谢。

下车后，他俩才开口，大豪说：“妈妈，你能不能答应我们一个要求，给刚才那个司机叔叔一个五星好评呢？”还没等我回答，小豪说：“妈妈，你有没有觉得刚才那个司机叔叔很温暖，还让你把我俩带好，咱们要给他五星好评来感谢他。”

我听完后心里偷偷开心，但我偏偏问：“为什么啊？”

大豪急了说：“妈妈，你不是经常说要对对我们好的人感激吗，你就赶紧给他一个好评吧，求求你了！”说着做出作揖状。

是的，我经常跟他们说，滴水之恩，当以涌泉相报，对我们好的人要心怀感恩。我说的时候总觉得他们还小，慢慢才会懂，但没想到他们竟然记住了，也理解了。

随后他们看着我给温暖司机五星好评并给留了言，就一蹦一跳地跑到了前面。走在他俩后面，突然发现不知不觉间他俩已经长成了大小孩了，可印象中他们还是那两个蹒跚学步的小孩子……

双豪的爷爷离开有几十天时，我回到家，他俩接过我买的东西，发现是吃的之后，发生了让人诧异的一幕是他们并没有第一时间往自己嘴里塞，而是费力地踮着脚把东西放在爷爷灵前的供桌上，并嘴里嘟噜着“好吃的爷爷先吃，给爷爷吃……”

婆婆看到后故意说：“以后不许给你爷爷吃好吃的！”他们就立即坐在地上，蹬着腿边哭边说：“奶奶坏，奶奶坏，妈妈说过爷爷生病以后就不能再吃好吃的，所以有好吃的要先给爷爷吃……”

他们边哭边用小手抹着眼泪和鼻涕，不一会儿就哭成了两个小花脸，我和婆婆看着双豪那伤心难过的样子也没忍住自己的眼泪。就那样哭了好久，我和婆婆怎么哄都不行，看来小小的他们知道爷爷去了另外一个世界，还想再给爷爷好吃的，虽然也只能放到供桌上了。

没有人告诉过他们要对爷爷好，他们可能看到了妈妈在爷爷生病后天天医院、学校、家里三点一线地来回跑，看到了妈妈每天很累但还会买很多好吃的做给爷爷吃，看到了妈妈不会打针但为了爷爷学会了打针……

有一回大伯在公园里给双豪买了他们非常想要的甘蔗。其实我自己还是很怕小家伙们啃甘蔗的，一是甘蔗太长怕他们握不住，二是太硬怕把他俩那小小的嫩牙给影响了。但很快他们小小的嘴就被大大的甘蔗填满了。样子很滑稽，让人可气又可笑。小嘴把甘蔗啃下来，嚼过之后嘴里哼哼唧唧。

婆婆发现他们哼唧时嘴里含满甘蔗渣，就跟孩子们说："吐到地上！"可是他们就是不往地上吐，直到我把手放到他们嘴边，他们才吐出来。吐出来后指了一下不远处的垃圾箱，我一下子明白了，原来他们是想把甘蔗渣吐在垃圾箱里。

婆婆说："直接吐出来就行了，还不嫌麻烦！"大豪用稚嫩的声音说："奶奶，妈妈说过，不能乱吐、乱扔垃圾，要扔到垃圾箱……"孩子的话还没说完，我看到婆婆的脸红了一下，路过的老人听到后也竖起了大拇指，并说："这两个小娃真懂事！"

一年级开学不久，老师想在孩子们中间做个简单的劳动实验，看看孩子们的主动意识。老师在教室的门口放了两把有点挡路的笤帚，孩子们走来跑去很少有人注意那两把意味深长的拦路笤帚。实验的最后结果是，全班60个孩子，只有双豪主动捡起了摆放在门口的笤帚，并把它们摆放在清洁工具处。

当老师表扬了他们并问他们这么做的原因时，他俩告诉老师，是因为妈妈曾经告诉过他们，看到摆放不整齐和随处乱放的东西，一定要主动把它们收拾好，做到物归原处。后来老师专门给我打电话讲了这个事情，还说，“你的两个儿子在学校很乖巧，这么小，很懂事，经常还帮助我处理班上的事情”。

双豪能惦念着爷爷，双豪能不乱吐甘蔗渣，双豪能物归原处，不到八岁的双豪知道很多该做和不该做的事情，知道公交车上要主动给别人让座，即使自己的小手要费力地抓住扶手；知道妈妈忙，奶奶带他俩不容易，走到哪里都要带着奶奶，给奶奶买好吃的，这些都是他们那两双会观察的眼睛在看着妈妈怎么做和两颗有爱的心在感受这个世界的温暖。

教养心经

孔子早就说过：“其身正，不令而行；其身不正，虽令而不行。”我们父母便是孩子的第一任老师。孩子从懂事之日起，吸纳的信息绝大部分来源于父母的一言一行。孩子辨别能力很差，父母的言行举止成为他们效仿的最主要的对象。

善良的父母会让孩子学会感恩，学会与人为善，学会乐观处事；坚强的父母会让孩子在困难面前不怯懦；正直的父母会让孩子做事有原则、有分寸；心胸宽阔的父母会让孩子不计较、不狭隘、不自私；平和的父母会让孩子遇事不急躁、不冲动、不慌乱；有修养的父母会让孩子不骄傲、不无礼、不奢华；有文化的父母会让孩子眼界开阔，思想深刻。在双豪成长过程中，我以一个诗意语文人的要求来努力让自己成为一个善良、坚强、正直、心胸宽阔、平和、有修养、有文化的妈妈。

有很多朋友经常替我担心，别人教育一个孩子都是忙得全家团团转，我要教育两个，那岂不是得全家鸡飞狗跳。没有一个人喜欢被别人教育，即使是六七岁的孩子，所以最好的教育就是让他感觉不到你在教育他。我的双豪很懂事、很贴心、很温暖。细细想来，恐怕就得益于平时我用自己的言行在给他们做着示范，用表里如一的言行让他们看到妈妈对待学生认真负责，对待身边人温暖有情，对待生活充满正能量，从而帮助他们越来越善良，越来越温暖。

本　文　作　者

孙晓娟，陕西省宝鸡市渭滨中学语文一级教师，工作16年来，一直从事高中语文教学，兼任班主任工作。曾获得“宝

鸡市级教学能手”“宝鸡市级教学新秀”“渭滨区级教学能手”“渭滨区优秀教师”“渭滨区优秀党员”“网络海选魅力教师”称号。所著论文多次在省、市获奖，所带班级学生在各种征文比赛中获奖。教学中用自己最真挚的情感在践行一个语文人的责任。

儿子，咱们一起读书玩耍吧

我儿2010年11月出生，如今已过7周岁。初为人父欣喜过后的我，思考更多的是如何育儿，俗话说养儿容易育儿难。育儿过程中不仅需要家长的体力、毅力、耐力，更需要智力，也就是所说的教育智慧。几年来，我不敢妄说自己有什么育儿智慧，但在孩子的成长过程中我的做法是动过脑筋的。

曾国藩家书也好，梁启超家书也好，苏洵的家庭教育也好，龙应台的教育故事也好，都有很多值得借鉴的地方；但那都是别人的成功之路，并不一定适合每个家庭。每个孩子有每个孩子的特点，每个家庭有每个家庭的环境，必须要有一套合适的方法。我对儿子的教育是从“玩耍”开始的。

这些年来，我常陪孩子做游戏，在玩耍中我们建立了融洽的父子关系，孩子也学到了很多知识。

儿子刚学会数数不久，我就教他玩扑克牌，当然不是教他赌博，只不过是用扑克作为工具罢了。儿子似乎也很喜欢摆弄这些小卡片。这时我俩玩的游戏叫“比大点”，把扑克牌分成两份，每次各出一张牌，谁的数大谁赢，最后比手里扑克牌的多少，多者为赢。这样的游戏虽然表面看是在比输赢，实则是练孩子的数字比较能力。

当他再大点的时候，上了学前班，学了加减法，我俩还是玩这个游戏。这时规则就变了，每次出两张牌，比和的大小，或者比差的大小。当他上了小学，接触了乘除法后，我还是用扑克跟他玩，这时玩“计算 24”游戏，就是每人每次出两张牌，四张牌放在一起，运用加减乘除法，计算出结果为“24”，谁先算出谁赢。游戏中我把乘法口诀逐步渗透，采取输多赢少的战略，满足孩子的求胜心理，每次我俩都玩得不亦乐乎。几年来，我渐渐发现，儿子在游戏中学到了很多知识，而且是不知不觉、毫不费力、快乐地学到的。我想到了《动物游戏之谜》一文，也有了很多思考，动物们的各种技能又不是与生俱来的，而游戏是一个重要手段，我想育儿也应如此，寓教于乐，告别沉重，轻装上阵。

我还经常跟儿子玩词语接龙游戏，增强孩子的词语量。后来，以至于凡是游戏活动，我都不动声响地加入一些教育的成分。与此同时，我也会通过一些游戏活动逐步改善儿子不良的心理状态。我儿很要强，活动中或者考试中的经常获胜让他骄傲的同时产生了惧怕失败的心理，一旦失败了，心情就会不好，就要哭鼻子。

这话得从学围棋说起。他在围棋班中是常胜将军，在网络上也连续升级，后来级别高了，高手也多了，就有经常输棋的时候。输了几盘棋后，他就受不了，就再不想下了。我赶紧想办法，一定要让他在哪跌倒的就在哪爬起来。开导他说“世上没有常胜将军，胜败乃兵家常事，世界冠军也会有输棋的时候”，并且陪着他一起下，给他助阵，当他处于劣势时，就鼓励他，帮他逆转。又经过几次对弈后，儿子的这种面对失败的沮丧情绪渐渐得到了扭转，后来即使自己输了，也能用“胜败乃兵家常事”来安慰自己了。输赢是小，孩子心中能够坚强起来才是大事。

孩子不读书就不会有前途，但没有孩子天生就喜欢读书的，更不会开始就喜欢读文字书籍的。儿子喜欢恐龙，那就从恐龙类书籍开始吧。我买了很多恐龙类的书籍，有全图的，有少量文字简介的，还有带故事情节的。书买来了，但孩子识字量少，自己不能读，下一步怎么办？

我和孩子的妈妈便做解说员，亲子共读，再配上手机广播“蜻蜓FM”里面讲恐龙故事的音频。这还不够，为了增加孩子对恐龙的兴趣，我又买了一些恐龙模型玩具让孩子玩耍。让他对恐龙产生兴趣并不是目的，真正的目的是让孩子有兴趣去读书，而我选择从恐龙这一点切入。

功夫不负有心人，孩子还真的就喜欢上了恐龙书籍，并开始研究恐龙了，恐龙的名称、恐龙的类别、恐龙的食性、恐龙生活的时代、恐龙灭绝的原因等，儿子都能准确说出。后来儿子走在大街上不经意间就能说出一些广告牌上的很复杂的字，问之，则曰：恐龙书上看的。继续切入，不能就此罢休。又给儿子买了《动物小百科》《昆虫记》《我们爱科学》等书刊。读书的同时，音频故事一直同步配合着，儿子继恐龙后对自然界各种昆虫、动物又产生了浓厚兴趣，自己也经常主动去看这类书籍。

这期间我也把书本上的东西与生活中的真实结合起来，利用下乡及出游的机会我总会捉一些小昆虫考问孩子是否认识，如蟋蟀、螽斯、螳螂、天牛等，问他这些叫什么名字，是哪个科的，等等。孩子有时反倒像一个小老师给我讲起每种昆虫的知识来，我也总是留下一些悬念，让孩子回家自己去查书解决。

孩子喜欢阅读自然科学的书籍后，我又想办法让他读名著。老不看三国，少不看西游，想来想去，还是从《三国演义》入手吧。我还是采用“鸡尾酒”读书法，从兴趣入手，看儿童版《三国演义》，听评书《三国演义》，甚至买的扑克都是“三国演义人物”的。

小男孩喜欢打闹，我又买了“三国人物”的兵器玩具，关羽的青龙刀、张飞的丈八蛇矛枪、吕布的方天画戟等。每天听一集袁阔成的评书，读一读儿童版的《三国演义》，有时还跟孩子抄兵器“战斗”一番。话说我们的“对阵”也是有情节的，要模仿着评书中的形式互通名姓，还要把每一招式讲出名称。而且我们每天还有互考环节，睡觉前每人问对方三个关于“三国”的问题，孩子答对了我会奖励他。就这样，儿子对三国的情节十分熟悉。记得有一次，他姑姑家的小哥哥来串门，他主动跟哥哥互出问题考对方，哥哥先问“三国中的五虎将都是谁”，儿子轻松答对。他接着就问哥哥“汉末十常侍都是谁”，小哥哥当时就蒙了，由此也能看出他对

曲福利，男，本文作者，哈一中语文教师，哈尔滨市十四届青联委员。哈尔滨市优秀教师，哈尔滨市教育局模范工作者，哈尔滨市师德先进个人标兵，哈尔滨市优秀班主任标兵，获得哈尔滨市首届『身边好老师』称号。

小说的熟悉程度。

在名著的阅读中，我们还选择了一些探险类小说读给他听，如《鲁滨孙漂流记》《格列佛游记》《金银岛》《80天环球旅行》等，孩子听得很好，也学到了一些知识和道理。几年的阅读经历，让孩子产生了浓厚的兴趣，如今自己经常到书架里找书看。

教养心经

陪着玩耍，陪着读书，陪着运动……陪伴是最长情的告白，陪伴是最真诚的爱，陪伴也是教育孩子的最基本要求。但陪伴不是看管，不是应付，要陪出水平，陪出乐趣，陪出智慧。孩子在成长过程中心理变化特别快，我们做家长的只有常陪在身边才能及时发现问题，才能有针对性地进行教育。比如孩子在某个阶段特别爱表达自己的想法，家长就要经常跟他交流；孩子某个阶段对文字特别感兴趣，家长就要抓住这个机会多教他识字；某个阶段孩子总爱发脾气，就要想办法帮他克服，避免养成坏习惯。有了家长的陪伴、关爱，孩子的成长才能有保障，健康的人格才能形成，内心才能充满阳光，行走才能有力量。

初心不改，成长依旧

当下社会，有太多职场妈妈陷入“妈妈困境”，花去了太多不必要的精力在孩子身上，而忽略了自身。不要让你的孩子控制了你的全部生活，却也不要让自己脱离了孩子。不改初心，将爱与梦想尽情演绎，你会发现，你和孩子正在一起成长。

至今只一年半有余，万千往事却如流萤忽闪而过，铺开一张素纸，轻执一支瘦笔，将几抹感动连同心底溢出的安暖，惊心地铭刻在流年经传的时光回廊，悄悄收藏……

三月的柳絮飘飞，儿子蛮蛮终于十一个月大啦，因为之前一直惯宠着他，小家伙成天只知道黏着我，只要我做自己的事情，他就会打断我，甚至连我上厕所、洗澡，他都要家人抱着在浴室门外等着，不然，他就大吼大叫、胡蹦乱踢、狂哭不止，若是有人试着去安抚他，他就挠人、拽人头发，他就跟有双重人格似的，前一秒还是一个贴心可爱的宝贝，下一秒立马变淘气捣蛋的熊孩子。我感觉自己完全没有属于自己的时间，除了当妈妈，已经没有了自己的生活了。眼看开学在即，要重返校园上班了，我开始担心：孩子没有我陪伴，该怎么办？

开学前一天，外婆专程过来接蛮蛮，将他们祖孙俩送到小区楼下，外婆就示意我快些离开，我望着他们的背影，内心突然十分不舍，想着未来半年我将见不着蛮蛮，未转身，泪已倾流。我终究是狠心地往回走，却不敢回头，泪眼婆娑的我准备向电梯口走去，身后却传来了蛮蛮“哇哇”的哭声，我犹豫了一会，还是忍不住转身向他们跑去，只见蛮蛮仰天大哭的小脸上一张圆圆的大嘴，两行眼泪瞬间流入耳根，外婆紧紧抱着他，生怕一不一心，他就挣脱并摔了出去，口里不停地安慰着：妈妈要上班，过段时间妈妈就来看你了，蛮蛮乖……

我透过小区大门的缝隙，伸出手握住了蛮蛮的小手，蛮蛮瞬间止住了哭泣，抬起满是渴求的泪眼，小手指不停地抠着我的掌心，我目不转睛地看着他的每一个举动，心底一遍遍复述着："你要习惯没有妈妈陪伴的日子，要学会独立……"却一个字也未曾说出，那时的我也已经哭得一塌糊涂了。

我也不知道那天自己是怎么一个人回到家里的，生平第一次体会到了与孩子分离的痛苦。接下来的六个月我在学校更是认真教书育人，偶尔从微信中了解到孩子成长的情况，或通过微信视频与孩子通话，一岁两个月的蛮蛮，会喊"妈妈、爸爸、婆婆……"那是一种多么温暖的幸福！

时光静美，岁月沉香。

六月盛开的栀子，轻轻缠绕岁月的眉宇，容得下生命的所有。收到学生们令人满意的成绩单后，我欣喜地赶回外婆家，愿陪伴在儿身旁，张开双臂想要拥抱孩子，孩子却无动于衷，那一刻，五味杂陈，说不出来有多难过。忽然想起上一次临别时蛮蛮撕心裂肺地哭喊，声嘶力竭地哀叫，我不也是那么决绝、连头也不回吗？小家伙怕是记恨起我来了吧！正担心如若这样，我该怎么办呢。却不曾想，没过多久，小家伙竟又与我亲热起来。小家伙嘴里不断哼着各种奇妙的字符，说着我根本听不懂的声音，一边抚摸着我的脸，一边张嘴大笑，凑近了呼吸着属于对方的味道，那是一种久别重逢的味道。我笑了，看见孩子眼瞳中映着自己的影像，清晰、真切，像镜子，像湖里的一泓清水。这让外婆还着实“吃醋”了一会呢，外婆带了那么久，我一来，小家伙居然跟我比跟外婆还亲，就这一点，我也解释不清原因，也许是生命的血肉联系吧。

转眼到了九月，身为班主任的我又要开始忙碌了，没有太多时间陪伴在孩子身边，只能选择做“兼职”妈妈，每天清晨，我敲着他那可爱的小碗，“吃饭啦”，他总是能醒着“啊、啊”地叫起来，然后我就拿起背包上班去了。

午后，不下雨的时候，他总要跟外婆一起出发，到两条街外的人民公园，我知道他是送我去坐车上班。外婆推着黄色的手推车，他坐在上面手舞足蹈，观望着，一路上，有说有笑，短短的一条普通的路上，外婆总有说不完的话，“你看，这里有两只石狮，一只公的、一只母的”“你知道怎么区分吗”“你看它们的脚下……”那路上，也有看不完的世界，广场中间永远都会有各色各样的人们跳着各种舞蹈，有两个人一起跳的交谊舞，也有一个人跳的，他总是会张开双臂希望将他抱出来，他也要展示独特的舞姿。广场上，蛮蛮总是那道最亮丽的风景线。

蒋瑜，本文作者，张萍名师工作室成员。四川省宜宾市第四中学教师。西南大学教育硕士，宜宾市翠屏区委组织部遴选干部，曾在『重庆北碚—四川宜宾』两地研修活动中进行献课，曾获翠屏区青年教师『五项全能』竞赛一等奖，主题班会一等奖，演讲比赛一等奖，多次参加市区语文优质课比赛、班会教案设计比赛、诗歌朗诵比赛并获奖，发表及获奖论文多篇。

渐渐地就会发现走着走着妈妈不见了，开始他会四处张望，多么期待妈妈的出现，这时候，外婆总是会说，“妈妈去工作啦，你也要快快成长”，一岁半的他已经不会再哭泣，只会点点头，伸出小手，上下晃动。

很开心，这一路，我们的默契，那么长……你不会再哭泣，因为你知道，还有更多的“孩子”等着妈妈去爱，还有更远大的梦想等着我们一同去实现，初心既不忘，爱与希望便永存！

教养心经

人生本就是一个磨炼的过程，不仅是孩子，母亲也需要磨炼，如果没有这些生活的酸甜苦辣，我们永远也不会成熟，所以，我感谢岁月中留下的泪水与欢笑，让我与孩子都学会了成长。不忘初心，共同成长。

守 护 童 真

还记得小时候，我总是幻想天上到底有没有神仙，城堡里到底有没有住着王子和公主，长大后是不是就能过上童话里的生活……曾经，没有人给我明确的答案，如今早已过了相信童话的年纪。可那时的童话，着实让我好奇了整个童年，也幸福地憧憬了整个童年。

女儿又像我小时候一般，满脑子的为什么。不知道何时何地就会猝不及防冒出个“为什么”，我得时刻准备着如何应对。一些常识类的问题还好，一些童真的问题，回答起来总是让人小心翼翼。我知道绝不能拆穿童话，那是孩子水晶般的世界，成人随意打碎太过残忍，每每到此我总是反问孩子：“你觉得呢？”我尽量让孩子自己想象，相信时间会让孩子明白。

孩子的成长总比想象的要快。还记得女儿三岁多的时候，特别着迷童话剧《巴啦啦小魔仙》，特别渴望能拥有一支小仙女手中的仙女棒。

先生在一次出差前终于答应给女儿带仙女棒。女儿从幼儿园回来告诉我，她今天专门告诉陈老师，爸爸出差回来会给她带仙女棒！仙女棒在女儿心中的分量可想而知，女儿是痴迷仙女棒的魔力还是仙女棒本身，不得而知。

爸爸进门后，还没等从包里掏出来仙女棒，女儿便一把抢过来，兴奋得跳了起来，小手高高地举起，嘴里大声喊着，“变，变，变”，一声高过一声。试了几次，女儿着急地问：“妈妈，怎么不能变呢？”

不死心的女儿走到屋里的每一个角落，试图让仙女棒尽展魔法，全家都为女儿的举动大笑。经过反复试验，女儿焦急地问爸爸：“你是不是买了假的仙女棒？”

爸爸说：“跟电视里的一样啊。”

女儿紧张地问：“那为什么不能变呢？”

爸爸敷衍道：“你再试试，再试试，多试几次。”

许久未果后，女儿终于把眼光落到了仙女棒上，公主粉的把柄，把柄上部紫水晶般的心形按钮，顶部一双天使般的紫色翅膀，按动按钮，翅膀能够一开一合。女儿发现了新的兴趣点，整晚沉醉于仙女棒，当晚在被窝躺着反复摆弄，直到抱着仙女棒睡着。

不知道梦中的女儿是不是变成了仙女，举着仙女棒尽情地变变变。随后的好长时间，仙女棒都是女儿的最爱，要不摆弄按钮，要不举着高喊变变变，但已很少问及，为什么不能变的问题了。女儿心中也许早已有了答案。

大概过了一年，四岁多的时候女儿翻出许久没有碰过的仙女棒，郑重地告诉我："世界上就没有仙女，也没有真的仙女棒，只有电视里才有呢！"接着又说道："也没有孙悟空，也没有金箍棒，电视里才有呢！"

我问女儿："那你喜欢看《西游记》，喜欢看《小魔仙》吗？"女儿开心地回答"喜欢啊！"即使女儿知道了，仙女棒没有魔力，孙悟空只存在于电视中，金箍棒在现实中也找不到，也不妨碍孩子对童话的喜爱与迷恋。有些事不必告诉孩子是与不是，总有一天孩子会明白，何必早早拆穿童话呢？我们一生要在现实中活好久，能够尽情地在童话里幻想又何尝不是一种幸福！

最近讲绘本，书中提到理想，女儿问完我的理想后，她告诉我，她想成为公主。对于这个问题，爸爸之前说过，别想了，只有爸爸是国王你才是公主。我则告诉女儿："要想成为公主，必须善良，乐于助人，懂事有礼貌独立，勇敢诚实，还要多读书，掌握很多知识，你能做到吗？”女儿肯定地点点头。每次让女儿着手收拾玩具时，加一句“人家公主都是自己收拾玩具的”，就会发现女儿做得比平时又快又好。

目标和榜样会给孩子带来我们成人想象不到的动力。面对孩子童真的理想，我们可以换一个方式激发孩子的潜能，而不再是单纯地告诉孩子能不能，会不会，是不是。

当看到儿子在奶奶家过生日吃蛋糕时，女儿说，我也想过生日吃蛋糕。女儿的生日比儿子早，女儿秋天出生，儿子冬天出生。

我说：“你今年的生日已经过了，蛋糕可以吃很多次但生日一年只能过一次。”

女儿问道，“为什么？”

我说：“过一次生日长一岁，一年只能长一岁。”

女儿接着说：“过得太慢了，我想一年过10次生日。”

我说：“那你一下子就变成15岁的大姑娘了，你想吗？”

女儿高兴地说：“太好了，太好了。”

我接着问：“一下子到15岁，中间这几年就不过了？”

女儿肯定地“嗯”了一声。

我接着说：“本来打算6岁去海边，7岁去爬山，8岁去野生动物园……这些都不要了吗？”

女儿抢着说：“我不要一下子到15岁了，那我一下子到明年，行不行。”

我接着问：“是到明年的今天吗？”

女儿肯定地点点头。

我说：“那春天的油菜花看不成了，夏天的公主裙穿不成了，还有好吃的冰激凌也吃不成了，秋天的葡萄也摘不成了，直接就到了明年的冬天。”

女儿赶紧回答：“不要，不要。”

我接着问：“那一年过几次生日呢？”

女儿笑着说：“那我可以吃蛋糕。”

这次对话，看似我让女儿明白了时间的概念，生日的意义。可事后我在反思，这样的回答真的好吗？孩子早晚会明白时间与生日的意义，何必这么小的时候就断了孩子对未来的憧憬呢！当时要是这样问：“你变成了15岁的大姑娘，你想做些什么”“你15岁，妈妈就40多岁了，你为妈妈做些什么”“15岁那么好，那现在怎么做才能变成15岁那么好的样子呢”，会不会更好一些，更能让孩子去努力，长大后更贴近自己想要成为的模样。日常中，尽可能多地激励引导孩子，让孩子成为最好的自己，才是父母最该做的！

教养心经

天下没有完美的父母，也没有完美的教育。物质的充裕替代不了精神的丰富。在孩子成长之路的每一次陪伴与交流，才是孩子成长中最重要的礼物。孩子丰富童真的内心世界同样需要父母点点滴滴的耐心与引导。

本文作者

何静，高中语文教师。曾荣获河北省教育学会优秀教案设计一等奖，河北省微课大赛二等奖，在邯郸市举办的教学活动中多次获奖。从小一直很喜欢语文，长大后将兴趣变成职业，实感荣幸。让语文课堂变成一种精神享受，让语文课堂成为一块滋养心灵的沃土，让语文课充满幸福和诗意，让学生享受诗意的人生！

第二篇

常相伴，陪伴是最好的爱

岁月静好，唯愿与你共成长

初为人父、初为人母的喜悦还没有享受够的时候，孩子的哭闹声早已打破生活的平静，让每一对新手爸妈在惶惑的手忙脚乱中，一步一步慢慢地摸索着，找寻与孩子相处的最佳方式，与孩子一起成长。都说一儿一女凑成一个好字，其实，个中冷暖，只有自己知晓。

吾家有女初长成

女儿的降生仿佛还在昨天。如今，那个稚气未脱，灵动内秀的小姑娘已经比我高半头了。

记得她刚出生两个多月，我就因工作需要重返岗位。也

王燕，本文作者，四川省宜宾市六中语文教师，张萍名师工作室成员。毕业于四川师范大学汉语言文学专业，从教以来注重研究，勤于思考，勇于实践。曾多次获宜宾市教学质量一等奖，在宜宾市语文教师基本功大赛中荣获一等奖。2016年在董一菲老师主编的《诗意文集：百名青年语文才俊谈读书往事》中发表文章。

许是初为人母少不更事吧，还不知道怎么真正当一个合格的好妈妈。所以，白天基本上都在学校岗位上忙着自己的工作，有时甚至还呼朋唤友地享受着课余的生活，把小人儿扔给爷爷、奶奶。对她唯一突出的爱仅仅表现在：无论多忙或者多晚回家，我都会把她放在我的身边，用手臂圈一个雀巢，让小人儿安享美梦。

姑娘两岁多就主动要求上幼儿园，她学会了吃饭，学会了唱歌，学会了跳舞。感觉还没怎么操心，孩子就一天天长大了。

可这么乖巧的女儿，也有让人操心的时候。记得她差不多五岁的时候，我刚刚调动工作，一个星期只能回家看她一次。有天刚接她放学回到家，突然闻到了异样的气味。我伸手摸摸她的裤子，果然，尿湿了。这下，怒火一下从我心底升腾起来：都这么大的孩子了，居然还尿裤子，太让人生气了！再可爱的孩子，也得打！况且，我从小接受的也是这种严厉的教育。于是，我拿起衣架，狠狠地打在她的屁股上，边打还边骂："都这么大了，你还尿裤子，像话吗？气死我了！"一个星期的分离已经让我备感失落，好不容易见到了，孩子还这么不争气……看着泪眼婆娑的孩子，我又心疼又难过，为孩子的不懂事，为自己不能经常照顾孩子。于是，她哭，我也哭。

哭过以后，我又抱着孩子，不停地给她讲道理，给她讲妈妈的不容易，给她讲大孩子应该要学会照顾自己……她乖乖地一一点头，懂事地拉着我的胳膊："妈妈，我再也不会了！"女儿的懂事乖巧让人心疼，也让我冷静下来。按道理，这么大的孩子不应该会有这种情况发生啊！于是，我赶紧打电话咨询我的医生朋友。原来，孩子极有可能患有先天的疾病。这下，我真是内疚极了。

于是，我带着女儿去医院做CT。一个小小的人儿，躺进一个奇怪的机器里，我担心她会害怕。她却反而安慰我说："妈妈，我不怕！我要勇敢！检查好了，你就不用担心我了！"孩子的话，句句戳中我的内心，我为自己之前的行为深深愧疚。

检查结果出来，果然，是一种先天疾病——隐形脊柱裂。幸好不用手术，这种病会随着孩子长大慢慢自然变好的。担忧的心逐渐放下来，但因为自己的冲动而打了孩子这件事，却一直像一块大石头一样，压在我的心上。因为自己的疏忽没有照料好孩子，孩子有问题了却又用爱的名义以暴力解决，我真是一个失败的妈妈啊！还好，生了个宽容懂事的女儿，原谅包容了我这个不称职的妈妈。

现在，女儿早已恢复，也早已忘了这件糗事，但我却永远记在了心里，警醒自己不要轻易发火，并学会用自己的爱、包容和耐心去呵护她，和她成为最亲密的朋友，和她一起成长！

吾家有儿正淘气

女儿的温顺乖巧，让我义无反顾地走上了一条迎接二宝的路。谁知道，这条路上竟然全是二宝为爹娘设计的坑！

刚刚几个月大的小不点，就展示了异于常人的敏锐。晚上他一般七点半睡觉，但是只在我怀里睡，一把他放到床上或者换个人来抱，立刻就醒了！于是，我只好把他抱在自己的怀里，一个小时、两个小时、三个小时……直至手已经不再是我的手，腰也不再是我的腰！然后，他才能香香地枕着枕头睡去。这样的日子持续了一个月左右，这段时间我简直是受尽了他的折磨，常常就这样在黑暗中抱着他，眼泪扑簌簌地流，想着这是自己选择的“甜蜜折磨”，再苦再累也得坚持啊！

孩子慢慢大了。这时，儿子和女儿的不同一下就展现在我的面前。凡是他能爬的地方，他一定要爬上去，沙发背后，墙上，到处都是他的脚印；凡是能毁坏的玩具，他一定不放过“肢解”它们的机会。他还特别喜欢探险，家里每个犄角旮旯，他都能找到。

就因为他爱到处爬，到处翻，怕家里有老鼠光顾过，不干净，就想着除掉老鼠。于是买来老鼠药，放在姐姐床脚下，上面放了一个盒子，还放了他的澡盆。我们都以为这是一个安全的地方。没想到，小小的他竟然越过重重阻碍，找到了那些红色的米，并得意扬扬地告诉奶奶：“我吃了饭饭，红的。”刚从厕所出来的奶奶吓坏了，抱着他就往医院里冲。洗胃，洗出来两颗米饭，不幸中的万幸！我知道消息的时候还在教室里上课，刚接到先生电话的一刹那，我终于知道什么叫五雷轰顶，什么叫肝肠寸断！先生安慰我说，已经没事了，接下来就是禁食和观察。我颤抖着身体，语无伦次地上完课，回家搂着那个熊孩子，浑身都还抖个不停。谁知，不明所以的娃又拉着我往外走：“妈妈，我要吃小馒头。”这才慢慢放下心来。看来以后要“处处留心，时时在意”了。

家人都认为男孩今后要承担更多的责任，所以我们从小就注意培养。让他生活在爱中，感受爱与被爱。先生也能做到以身作则，爱妈妈，爱姐姐，爱爷爷奶奶，爱他，爱工作，并为家庭不辞辛劳地早出晚归。孩子虽然不知道什么是爱，但在潜移默化中受到了很多影响，比如他知道出门一定要关好所有的电器，睡觉时他一定会叮嘱我盖好被子，姐姐不听话被责备时，他会说不要骂姐姐……一个两岁的宝宝，知道关心身边的亲人，这是最让人感到欣慰的。

教 养 心 经

不管女儿还是儿子，我都让他们知道，爸爸妈妈可以无条件地爱他们，包容他们。但是又会给他们立下很多规矩，让他们明白，整个社会都会循着这些规矩运转。不管儿子还是女儿，父母的陪伴都是最重要的。

孩子，我想让你更具慧眼

我是一位语文教师，喜欢读书，也很喜欢旅行。一直信奉那句话：要么读书，要么旅行，身体和灵魂总有一个要在路上。在我的宝宝还很小的时候，我就有个梦想：一定要带她读书，让书的香味浸润她，引领她做生活的有心人；也要牵着她的小手去远方，看外面的精彩世界，体验诗意生活。

2014 年 8 月，女儿朵朵四年级的暑假开始了，我想趁着假期带她出去走走。我们一起去了几家旅行社考察，我告诉她可以决定去哪儿。她高兴坏了，嘴里念念有词："我一定要去我最向往的地方，好好过一把瘾！"

那天，朵朵拿回了十几张旅行社的彩页，摊开摆在沙发上，认真比对、查看，甚至还拿出了放大镜。她时而眉头紧锁，时而微微颔首，看着她那副考古研究的架势，我不由暗笑，给了她一个要求：下午三点前给我最终选定的结果，并且要说明理由。随后，我就去阳台读书了。女儿拍着胸脯打包票说："老妈，我已经长……长大啦！保证完成任务！你忙去吧！小女子一定不辜负您的期望……"听了她一番话，我很有感触：我的小朵朵好像真的长大了！

后来我再到客厅，看着朵朵一会儿认真思索，一会儿又摇摇头，过一会儿还若有所思地在平板上看着什么，她的样子真可爱！我悄悄坐在旁边，她像是自言自语，又像是对我说："我想去山东看大海，但那里潮热且不太安全，爸爸不去，妈妈带着我有困难，放弃；我也想去上海迪士尼疯狂一把，但估计大上海花销太大，我们也不会坐高铁，万一我们娘俩丢了就麻烦了，pass了；其实，听说宁夏沙坡头的滑沙很好玩，可和妈妈关系要好的阿姨都在上班，妈妈没伴我也没伴，只好作罢！思来想去，我认为去九寨沟比较合适，你看歌曲都唱《神奇的九寨》呢，《西游记》里就有镜头在九寨沟拍摄，你说能不漂亮吗？不过，那里路况不好，有点危险，哎！要安全待在家也不一定安全呀！妈，你说呢？……"

女儿竹筒倒豆子般陈述了一番理由，我是发自肺腑地感

朱晓娟，本文作者，陕西省宝鸡市岐山县教学研究室教研员。全国“十三五”课题组核心研究员，全国优秀语文教研能手，陕西省课改先进个人，市级教学能手、课改标兵等。20余篇论文获省市级奖励，多篇论文在《人民教育》等核心期刊发表。五项国家、省市级课题成功结题。耕耘语文田地，追求诗意栖居！

动，也由衷地佩服孩子。于是我给了她一个大大的拥抱，真诚地表达了对她的赞扬："朵朵，妈妈发现你一下子长大了，其实我也不知道去哪儿玩，你这么一说，我认为咱们一定要去九寨沟逛逛！"

旅游线路确定了，女儿又跑前跑后到处找书。我有点不明白，就问她，找书干什么呢？她很自豪地说："咱们去九寨沟要坐火车，这么长的时间不能浪费，我要带上《海豚丹尼尔》《我们仨》这两本书，抓紧时间读完，同学还等着借呢。我到嘴边要说的话："要玩就玩个痛快，带书干什么？"只能咽下去喽！孩子如此利用时间阅读不正是我希望的嘛！

九寨沟大大小小的海子我们看了个遍，也留下了很多珍贵的照片。但蜿蜒曲折的山路让女儿有点晕车，我能看出她的不舒服，她不说，我绝对不问。因为我早就告诉过她：我们必须为自己的选择和决定负责任，没有人为你买单的。

游览九寨沟后我们要去黄龙了。坐在大巴车上听了导游对黄龙的介绍之后，我很担心，因为高海拔的景点容易引起身体不适，可固执的女儿不愿失去这难得的机会，一再说她可以坚持。我也想着带孩子出去旅行就要开心，不能替孩子做决定。

返程的车上，几乎所有人都出现了高原反应。我因为紧张、恐惧和对女儿的担心，在某一刻突然双手发抖，胸闷气短，极度难受。为了避免消耗体力，我微闭双眼，尽量不说话。女儿突然转过头看了我一眼，坐起来拉着我的手略带哭腔地说："妈妈你怎么了，手为什么这么凉？妈妈，我好着哩，我头不难受了。"

听了她这几句话，我的鼻子酸酸的，告诉自己一定要坚持住，坚决不能吓着孩子。她说自己没大碍，恰恰说明她很不舒服。女儿不停地说："妈妈，我很好，你喝点水，你慢慢地呼吸，马上就到了……"

还有什么比女儿的鼓励更暖心呢？我的眼泪突然来了，看着女儿眼里也噙满了泪水，还拿起纸巾给我擦眼泪，我真恨自己的不争气，让孩子担心了。十几分钟后，我终于卯足劲说了一句：朵朵，妈妈好了！她满脸疑惑地看着我，几秒钟后却哭了，眼泪汪汪的！我们两手相扣，紧紧依偎在一起睡着了。

等我们醒来时已经到达服务区了，车子一停下，女儿就拉着我的手忙不迭地往车外跑，还不停地安慰我："妈妈，赶快下车呼吸点新鲜空气就好了。"

后来几天的旅行，女儿如同一个小大人，帮我拉箱子，晚上叮咛我锁门，嘱咐我带好钱包……似乎那次意外的高原反应让孩子变得更懂事、更体贴了。这件事虽然过去很久了，但我一直铭记于心，感动至今。

现在想想，我仍然很开心，感谢女儿的决定让我们在2014年看到了漂亮、神奇的九寨沟。而今天，像诺日朗瀑布、火花海、五花海等几处景点已经失去了往日的容颜，我因为女儿的选择而有幸一睹它们的神奇。我更感谢女儿的提醒：旅行的时候依然可以读书。读书，应该是我们一生要做的事情，精神的富足要靠一点一滴的积累，我们没有理由浪费一分一秒。

感谢我亲爱的女儿带我去旅行！

教养心经

世上没有完全相同的两片树叶，每个孩子也是不可复制的，要教育好孩子，就要不断提高教育技巧；要提高教育技巧，就需要家长付出个人的努力，不断进修自己。没有人天生是优秀的，也没有父母天生就是卓越的。在陪伴女儿成长的道路上，我体会到了读书和旅行的重要性，“You can either travel or read, but either your body or soul must be on the way”，因为这两种环境下的心灵是自由的，是真实的。建议各位家长、伙伴们尝试去做！

同时，我们要将孩子看作有独立思想的人，珍惜这份亲情。正如苏霍姆林斯基所言：“其实，每个儿童都有把最珍贵的东西给父亲和母亲的意愿。如果你仔细观察一下小孩子，你就会相信这一点。十分遗憾的是，许多父母由于不懂得自己孩子心中产生了爱的萌芽，而扼杀了孩子们心中这种崇高的激情，自愿地拒绝孩子们准备为他们做的好事。”

为孩子创造轻松、和谐的学习和生活环境是非常关键的！如果一个孩子生活在批评中，他就学会了谴责；如果一个孩子生活在表扬中，他就学会了感激……

孩子是上帝赐予我们最好的礼物，把培养孩子作为一项崇高的事业对待吧！若努力，来日你的孩子将是独一无二的珍品——具有植根于内心的修养；无须提醒的自觉；以约束为前提的自由；为别人着想的善良的优秀品质。

所以，在孩子成长的道路上，我们做父母的永远和孩子一起成长，酸甜苦辣也要陪孩子一起品尝，只有父母参与孩子生命的成长，孩子的生活才完整，我们的人生才无缺憾！

成长路上二三事

睡觉风波

在儿子7岁半的时候，对于他睡觉的事，我和爱人陷入了苦恼之中。

事情还得从去年国庆说起。2017年10月5日的晚上准备上床睡觉的时候，儿子说不敢一个人睡觉，要人陪着。要知道，从独立分房间睡觉到现在，已经有两年多时间了，现在突然提出这种要求，我们都感到莫名其妙，一时间，我们都在心里猜测着原因。我首先想到的是依赖，因为在暑假，睡醒了以后可以来我们房间聊聊天，撒撒娇，这可能让他觉得更有趣。

儿子最终在我们的引导下说出了原因：怕人体的变化。哦，我想起来了，就在当天，我们看了央视的一档关于科学类的节目，讲的就是人在太空中某些器官的变化，其中就有头会变大等说法，而且主持人说得挺吓人的，儿子看得很入神，因为平时他都喜欢看一些科学类的书籍和电视节目，所以当时我们也没在意，还准备让他多看看类似的节目。

怎么办？胆子怎么这么小？好不容易建立起来的东西难道又要推翻重来？男子汉没独立性怎么行？这些问题，一起在心头涌现，不知如何是好。

我和爱人商量后达成一致：对这事不能采取强硬的态度，否则有可能适得其反。但具体该怎样做呢？最后，我们决定不急着强迫儿子立刻独自去睡觉，而是必须要有计划，有步骤地进行。这件事情虽然看起来很小，但如果处理不好，会给儿子带来很大的打击，那么再次分房睡可能就遥遥无期了。我想，既然儿子今晚实在怕一个人睡，那我就陪伴他入睡，来缓解他紧张的情绪。于是我就对他说：“今晚爸爸陪你睡着了再走好不好？”儿子先是不相信，后来看得出来有一些开心，没想到一直严肃的爸爸居然会主动提出陪睡。儿子胆小地问："那我半夜醒了，叫你的话，你应不应呢？"我向他保证："爸爸一定应！"

等儿子心情平复了，我们就开始给他讲太空的知识。儿子听得很感兴趣。周末了，我和爱人一起带他去图书馆找关于太空知识方面的书，让他明白太空生活其实和我们地球上的真实生活是不一样的。儿子表现出了浓厚的兴趣。但一到晚上，又开始害怕了。

这样持续了几天，看着儿子心情稍微平复了一些。我们就开始采取"激励法"。如果能做到整个晚上都自己睡，就积一颗五角星，积满七颗就送他一件想要的礼物或者满足他的一个愿望。我专门制作了一个表格，贴在他的卧室里，这样，儿子睡前就有了目标，每次看着这个表格就信心满满。最后不出所料，第二次分房独自睡觉终于成功了。

通过这件事，我觉得孩子长大了，他变得更加独立、勇敢，甚至更加自信了。作为家长也同样有了不少的收获：在孩子的成长过程中，会有很多"意外"情况，我们如何看待这些"意外"，如何有耐心地去思考，理智地去处理问题的确是一门学问。对于孩子，我们要站在他的角度去想问题，一件事情，可能对于父母来说非常简单，但对于孩子，就不是那么一回事了。

杜正献，男，本文作者，张萍名师工作室成员。四川省宜宾市李庄中学校高中语文教师。中学语文一级教师，宜宾市市级骨干教师、宜宾市翠屏区优秀班主任。毕业于宜宾学院中文系汉语言文学专业，从教以来，勤于思考，勇于实践，善于学习，曾多次获『宜宾市教学质量一等奖』『翠屏区年度考核优秀』等称号，并有多篇文章在国家级期刊发表。

旅行的目的

带娃旅行的目的是什么？也许最多的回答是开阔眼界和增长见识。而我可能有不一样的回答。

旅行，在儿子看来就是一件好玩的事情，不管是自驾游还是自由行抑或是跟团游，他都觉得有趣，因为每天出现在他眼前的都是新鲜的东西，新鲜的环境，新鲜的人。更重要的是可以一直和爸爸妈妈待在一起。我们每次旅行前都会跟儿子说："儿子，你知道吗，旅行就是去吃苦，去克服困难的。你要和我们一起去吗？你能够战胜困难吗？"儿子每次的回答都是肯定的。事实上，他也的确做到了。

印象最深的一次旅行，是驾车从四川省阿坝州松潘县到汶川的路上，突然遇上了塌方封路。路到底什么时候通，谁都没底。就这样，我们在那段路上等了一整天，这一天当中，他耐心地等待，自己在附近做游戏，开开心心地玩，实在无聊，我找了一个地方洗车，他就帮我提水，抹座椅。困了，没有地方休息；渴了，没水喝，他都没有抱怨。等到天黑，路也没通，我们掉头回去找了一家小客栈住下，条件非常简陋，在家里是每天洗澡才睡觉的他，居然乖乖地睡了。这个地方由于游客多，只能睡地铺，儿子也高兴，并且还说：“旅行就是来吃苦的。”我当然也很高兴，一是他能做到承诺的事，二是为他的适应能力。

以后的旅行，不管是车程的劳累，还是需要手提重物，儿子都主动帮助和参与，没有一句怨言，旅行中确实增长了见识，最重要的是还磨炼了意志，这就是我认为旅行的目的。

教养心经

孩子的成长路上，一定会出现许多“意外”，会冒出许多问题，作为父母，耐心必不可少，只有我们不急不躁，孩子才有思考问题、改正错误的空间。没有人生来就是完美的，孩子身上有瑕疵，我们就做工匠，要舍得下功夫，认真去“打磨”。

让鼓励陪伴孩子的成长

父母总希望孩子的成长一帆风顺，但现实是困难和挫折往往伴随着孩子的成长。虽说风越大树越壮，磨难是孩子成长的财富，但孩子在经历磨难的考验中，需要父母给他鼓励的话语、有力的臂膀，才能让他更勇敢地搏击风浪、茁壮成长。

“妈妈，莫老师叫你到他办公室去！”正在分析学校期中考试成绩的我被儿子急促的声音打断。感觉儿子声音的异样，我抬头望去，儿子满脸的焦灼。看着我坐在椅子上没动，他着急地拉我的手，“快点，妈妈，莫老师等着呢！”看儿子焦急的表情我大致猜到事情的缘由。“走吧，儿子，没事的！”我微笑地对儿子说道，一同走向儿子班主任的办公室。看见高出自己一头的儿子，不时地用手抹着抑制不住的泪水，心里真是五味杂陈。

走到办公室门口儿子停住脚步，转过头望着我。我挽住儿子的手臂，用坚定的眼神望向儿子，他似乎得到力量，用手擦去脸上的泪痕。“莫老师您好！”走进办公室我问候道。“你好，罗主任。王诚信这次数学考得不好！”莫老师说到考得不好时不由得加重了语气，我看见儿子把头埋低了。“就是，这次孩子数学考得不理想，让莫老师失望了！儿子我们好好找找原因，加把劲下次一定要争取考好！”“好的。”儿子用低沉的声音答道，我感觉到儿子的头似乎抬高了一点。

“我允许学生考得不好，但是总有一个底线，王诚信，自己给妈妈说，这次期中考试数学考了多少分？”莫老师越说越气愤，语气越来越重，一边说一边走向我和儿子。“67分……”儿子用颤抖的声音回答道。儿子抑制不住，伤心地哭出声来，却又不敢大声哭，抽泣声不断，眼泪不停地往下流。看着儿子如此伤心，期中考试前一幕幕情景在我眼前浮现：“儿子，喝杯牛奶睡了，11点过了！”“不，我要把这道数学题做好才睡。”“唉！妈妈，这段时间数学太难了，我觉得学起来很吃力，马上期中考试了，心里一点底都没有。”

看着儿子无奈的表情，我鼓励道：“初二下学期的几何本来就难，明天到学校问问老师、问问同学。我们多问、多做，慢慢来，早点睡，否则明天学习受影响。”“好的，妈妈，我再想一下就睡，您快去休息吧！”

看着儿子埋头冥思苦想的样子，我的思绪飘到很远……

2013 年 10 月因为家庭变故，刚进入小学六年级的儿子离开了他熟悉的校园，和我们一起来到一个完全陌生的城市，走进一所农民工子弟校。简陋的校舍、落后的教学设备、代课教师，面对这这突如其来的变故，11 岁的儿子努力地学习着、适应着，六年级毕业考试他以较好的成绩考入这个陌生城市的一所公立初中。一个月后，2014 年国庆节我和孩子回到我们熟悉的城市，我回到教师的岗位上，儿子在我们学校开启了他新的初一学习生活。

一年的时间，儿子换了四所学校，而且又是在小升初这个关键时期。加上家庭的变故，儿子的成绩受到较大的影响，特别是数学。记得，他到这个新的班级第一次参加月考，儿子考到第 397 名（全年级 495 名学生）。不得不提的是儿子读的是年级最好的班级，这个成绩在班上是倒数第 3 名。他拿着这个成绩回到家的情形我记忆犹新：儿子耷拉着脑袋走进家门，失魂落魄一般：“妈妈，太差了，你看我的成绩班上倒数！怎么办啊？”“我们回来的时候就说过，短短的时间你频繁地换学校，要有最开始考得不好的准备，为什么现在不敢面对了呢？在那边的日子那么艰难，不是都挺过来了吗？”儿子抬起头，眼里似乎重拾一丝希望，但很快消逝了：“但妈妈我真的觉得好难哦！和班上同学们的差距太大了！”“现在这个成绩只能代表过去，只要努力我们一定能慢慢提高。我的儿子小学成绩很好的，相信自己，妈妈对你有信心！”儿子扬起稚气未脱的小脸，用力地点点头！

接下来的一段时间总能在学校看见儿子忙碌的身影，“努力”“加油”成了儿子的口头禅。直到有一天，晚自习后儿子满脸委屈地走进家，手里拿着一张试卷。我看见儿子神情不对，放下手里的书：“怎么了，儿子？”“他们太过分！怎么能这样，凭什么这么说我？”儿子脸涨得通红，把手里的试卷递给我，是历史试卷，在显眼的位置打着100分，“儿子，考了100分，你太厉害了！”“他们说我是抄的，是作弊得来的，凭什么这么冤枉人？妈妈他们凭什么这么冤枉我？全都是我自己做的呀！”儿子的脸涨得更红了，看着儿子迷茫的眼睛我问道：“你觉得他们为什么会这样想呢？”“因为我第一次月考考得差，他们以为我是差生。”“怎么做，才能让他们觉得你不是差生？”“我以后每次考试都考好，让他们不得不服！”这一次我从儿子眼中读出了坚定。

时间在不经意间流逝，儿子也在一天天进步，初一上期期末考试全年级第87名，初一下期进入年级前50名，初二上期进入年级前30名。

“凡事都有个底线，王诚信你这个成绩就差得超出了我的底线，你要给我一个交代！你要给全班同学一个交代！”莫老师的怒吼声把我拉回现实中，看着儿子因伤心而不停抽搐的脸，我终于忍不住了，一把把因难过而全身都颤抖不止的儿子搂在怀里，大声地对儿子说：“儿子，你是妈妈的骄傲，你是最棒的！你学习这么勤奋、这么努力，不是因为贪玩好要导致数学没考好，肯定是哪些地方出了问题。首先妈妈就有责任。这段时间学校工作太多，对你的关心不够，现在数学成绩出了问题我们应该一起来想办法，相信能够解决的，更大的困难我们不是都克服了吗？”儿子抬起头，停住了抽泣，我在儿子眼中再次读到了那熟悉的坚毅的眼神！

莫老师看我这么说，也觉得自己的话重了有些不好意思。她走过来，对儿子说：“王诚信，有些知识没有掌握，莫老师辅导可能没到位。没关系的，走吧，到教室去把数学试卷拿到，没懂的我们一道一道来讲！”莫老师拍拍王诚信的肩膀，师生俩一起朝教室走去，莫老师走出办公室时微笑地对我点点头，望着他们离去的背影，我的泪水涌上来了……

就在这学期期末考试中儿子考出了全年级第5名的好成绩，现在儿子已经迈进了高中，正走在高一的征途上，在求学和品性磨炼的路上，儿子都还有很长很长的路要走！作为母亲我将永远陪伴在儿子身后！

教养心经

鼓励是一眼清泉，滋养孩子干渴的心！鼓励是一缕阳光，照亮孩子前行的路！在孩子成长的过程中给孩子适时的鼓励、及时的表扬是不可缺少的，表扬和鼓励让孩子更有勇气去克服和战胜困难。在克服困难、战胜困难的过程中，孩子锻炼出来的这种不畏艰难、积极进取的品质，将成为他今后人生道路上最为宝贵的财富！

罗仕琼，本文作者，张萍名师工作室成员。四川省宜宾市六中语文高级教师。毕业于四川师范大学汉语言文学专业，课堂上风趣幽默、深受学生喜爱。2010年被评为宜宾市语文骨干教师，2017年参加四川省中小学教师校长省级培训，曾多次荣获宜宾市教学质量一等奖，宜宾市语文说课暨课堂教学展示一等奖。十余篇论文在省级以上刊物发表并获奖。

高质量的陪伴才是最情长的告白

作家池莉在初为人母时写过一篇有关女儿的文章，有这样一句话让我印象深刻："怎么爱你也不够"，这句话也道出了我此刻的内心感受。是啊！初为人母的喜悦和兴奋又怎能用语言说得出、道得尽呢？那初为人母之后呢？我想不仅要爱，更要育，爱是本性，育是责任。这才是一个合格的母亲。如今女儿快3岁了，回想这几年来的育儿生活我着实花费了不少心思。

玩具玩出花样

与其说陪伴是最长情的告白，不如说高质量的陪伴才是最长情的告白。既然要陪，就要陪出质量、陪出境界、陪出高度。只要有时间，我都会静下心来陪宝宝，我有意识培养孩子各方面的能力，比如买玩具我都买益智的，侧重于培养孩子的智力和动手能力。在这个过程中，我发现小孩子的发展潜力巨大，就拿拼图来说吧，孩子的姑姑给她买了三套拼图，我一开始认为这对一个不到两岁半的孩子来说有点难度，但还是抱着试一试的心态带宝宝一起玩，我开始有意识地引导她，尽量自己不动手，让她动手先把拼图的背面按颜色分类，然后照着样板拼，比如先拼脑袋，然后拼身体，最后拼四肢，在我的耐心引导下，孩子逐渐学会了拼图。那一段时间，几乎每天下班吃完晚饭，我们的第一件事就是拼图。

后来宝宝拼得越发娴熟，虽然偶尔她也有拼错的时候，但我不会急着指出问题，而是耐心地用商量的语气说："宝宝，小猪的脑袋好像不对吧？"

"小羊的耳朵是不是拼反了呀？"这个时候她总能很快地改正过来。

有时为了考考她，我装作示弱的样子萌萌地说："宝宝，这个我不会拼，你教教我好不好呀？"

宝宝很有兴趣地拼给我看，小嘴不停地说着："先这样拼，先拼脑袋，再拼身体，再拼……"

衡中华，本文作者，任教于内蒙古自治区通辽市实验中学，从教〇载，中教一级，先后荣获校希望杯教学三等奖，『一课一名师』市级优秀和自治区级优秀，全国第七届『和谐杯』说课大赛一等奖。愿做一名德艺双馨，深受学生喜爱的教师。

就这样，宝宝爱上了拼图，不厌其烦，拼出了境界、拼出了高度，甚至达到了看拼图的背面就能很快说出事物名称的程度。

有一次我不小心拼错了，女儿很快就说：“不对，应该这样拼！”然后很快帮我拼好，那一瞬间，我简直自叹弗如。孩子的潜力真是无限大，它就像一块隐藏在冰山下的巨大宝藏，等待着有眼光的开发者去挖掘它，而最好的发现者和开发者就是父母。通过拼图这件事，宝宝给我的触动很大，我接二连三地又给她买了各种各样的拼图，她拼得不亦乐乎！

趁热打铁，我决定以后买玩具都给她买益智的，可以说淘宝上的益智玩具都让我买遍了，每一样宝宝都玩得得心应手！

总之，陪宝宝玩玩具，我们玩的方式可谓灵活多样，比如堆积木、玩套住、拼磁力卡片、插刺猬，在此过程中，我会教她识颜色，认形状，查数量，分分类，排排队，待她掌握这些之后，下次再玩的时候，我依然会装作很弱的样子说：“宝宝，哪个是红色的啊？三角形的我找不到了！你帮帮忙好不好呀？”宝宝都能很快地帮我找到。然后我给她一个大大的赞。这无疑增加了宝宝的自信心！每次玩完玩具之后，我都会温柔地和宝宝商量着说：“宝宝，咱们一起把玩具送回家吧？不然她会想妈妈的。”每当这个时候宝宝都饶有兴致地和我把玩具收拾好。

就这样，我们不仅达到了娱乐，开发了智力，也培养出了好习惯。我想带着思考去陪伴孩子，才能培养出一个优秀的宝宝。

另类读书法

除了玩玩具，我在陪宝宝看书方面也花费了不少心思。现在市面上的童书多得简直让人眼花缭乱，应接不暇。为了给孩子挑选书，我除了在网上不厌其烦地精心挑选，也借鉴很多育儿专家推荐的书目，侧重以绘本故事和经典童话故事为主。读书的时候，有时我让宝宝坐在我的腿上，有时让她躺在我的怀里，我总是试着模仿书中的角色来读，比如读妈妈的时候我会用亲切温柔的语气，读宝宝说话时我会用幼稚的童音，读大灰狼说话时我会装作凶狠奸诈的口吻，有时还会带上几个动作，女儿听得饶有兴趣。

读得时间久了，我发现女儿总喜欢听几个固定的故事，比如《白雪公主》和《小红帽》她总是听得不厌其烦，但其他的故事无论我怎么引导，她都提不起兴趣。我冥思苦想了好久，终于想到了一个激发她兴趣的好办法，就是把故事的主人公替换成她的名字。她的小名叫妞妞，在读《海的女儿》时，我会读成《海的女儿——妞妞》，而《拇指姑娘》我会替换成《妞妞姑娘》，这个方法一下子就引起了她的兴趣，每每都欢欢喜喜地听了起来。那一刹那，我真有一种豁然开朗的感觉，带着思考去陪孩子，会有意想不到的收获！

放手去爱，给她自由

我育儿本着一个原则，就是尽量自己不动手，放手让宝宝去做。比如画画，我不会手把手教她怎么画，而是放手让宝宝自己信手涂鸦，我会在一旁耐心地问她："宝宝画的是什么呀？"她会一本正经地解释给我说这是什么。

我从不评价好坏，只在一旁鼓励："宝宝画得真棒！"记得日本作家曾在一本书上说，"作为家长不要去教孩子怎样画画，尤其是在孩子九岁之前，因为你一旦动手教孩子画画，就限制了孩子的想象力"，这句话我深以为然！所以，只要不触及女儿的人身安全，无论做什么，我都不会限制孩子。比如洗碗的时候，如果宝宝愿意，我就让她站在凳子上动手陪我一起洗，即使弄得满身是水；我打扫卫生的时候，她要是愿意，即使帮倒忙，我也不会在意；甚至在寒冷的大冬天她喜欢裸睡，我也不介意，哪怕我一晚上起来给她盖多次被子。

凡事只要她愿意参与，喜欢做，我都会放手让她去做，满足她的意愿。有些时候，爱孩子，并不是占有，而是给她更多的自由。

教养心经

分离对于孩子和妈妈都是痛苦的，孩子的眼泪，妈妈的失落，但是生命中的分离是无休止的。第一次分离是为了迎接，第二次分离是为了成长。在今后的生命旅程中，我们还要经历种种分离，而每种分离都让人肝肠寸断。可生命就是如此，我们抗拒但不能改变，唯有坦然地接受生命中的各种。只是，不管她走多远，到哪里，妈妈永远在她身后注视着她，永不离去！

行走在路上

“要么读书，要么旅行，身体和灵魂，必须有一个在路上。”这是我特别喜欢的一句话。所以，有了儿子，就特别想让他行走在这样的成长之路上。

平日，我们忙，让灵魂于书海中遨游；假期，我们得闲，让生命于世间美景中丰盈！

儿子 5 岁开始，每逢寒暑假我们就带着他，行走于各种名胜古迹与山水间，陪他在旅行中认识世界，发现自我。

第一次出行，我们选择美丽的黄龙九寨。因为九寨号称“水景之王”，被世人誉为“童话世界”。如同仙境般的风景，正适合喜爱童话的儿子。目光所及皆为美景，既有奇特的水体景观，又有类型多样的地貌景观，平日走几步就要抱抱的

小家伙，这回兴奋地走在我们前面，一路做着先行官。上了栈道后，小家伙就开始连蹦带跳，这个大东北来的“小不点儿”，被眼前美景惊得小嘴都合不上了。

正当我窃喜路线选择成功时，考验来啦！神奇的九寨属高原地区，海拔最高处3000多米，我忽略了可能会出现的高原反应，进景区半个多小时，儿子开始说头晕，我们也感觉有些不舒服。可这会儿，不能表现出来，还要鼓励孩子挺住。心中暗想：这正是锻炼儿子身体和意志力的绝好机会，不能放过。状态比较好的奶奶，第一反应是要背起大孙子，我马上给婆婆使了个眼色，并连忙对儿子说：“我儿子是小男子汉，在海拔这么高的地方自己走了半个多小时，不怕苦不怕累，全家人为你点赞！为了奖励你，咱们一起玩个小游戏吧！”家人也纷纷“配合”。儿子得到表扬，又听到了要玩游戏，突然来了精神。他急于知道玩什么……我们先是“石头、剪刀、布”，赢的向前走两步，输的原地不动，故意让他多赢几次；再玩词语接龙，接不上来的原地唱歌。

游戏不新，但小孩子就这样天真，注意力很快被转移，我们时而唱、时而讲、时而行、时而停、时而风景中抢镜拍照，儿子竟忽略了身体的不适，一路开心地独立行走，直至五颜六色的钙化池美景出现在眼前。小嘴再次张成一个大大的“○”型，居然说出：“大自然真奇妙！”那时，他才5岁，个子不高，适应了高原反应，更告别了那个动不动就要“抱抱”的娇气形象，小小的身体到达了他心灵深处要看到的地方。首站告捷，自此我们踏上旅途。

我依稀记得，在儿子4岁的时候，我曾给他读过一首儿童诗《我们去看海》。

我们去看海

走啊，一起走，我们去看海
海风已吹进我们的心中
耳边已响起潮声澎湃……
海的胸怀如此的宽大
海的家园如此的富足
海是我们的另一个家
看见海，就像走进了宝库……

那首诗让不曾看过大海的儿子对“大海”有了印象：大海是胸怀宽广的，是富足的宝库，是潮起潮落都能听到动听的歌……

后来，我带他去看过很多地方的海。在大连看到黄海、渤海的泾渭分明与海鸥翩飞；在泰国，看到沙米岛的沙白水清，普吉岛的清澈无边；在意大利，看到淡水湖加尔达湖的碧蓝宁静，五渔村地中海的深邃澎湃……

然而让我此生都难以忘怀的是在马来西亚，我们看沙巴亚庇的南海最美日落。儿子眼观前方的一片蔚蓝与静谧，轻轻地感叹了一声“真美呀”，然后便默不作声。他深情地凝望着那一片静谧的蔚蓝，那凝神的姿势让我心动——我赶紧按下快门，将那一刻定格！那一年，儿子 8 岁。

8 岁的儿子面朝大海，留给我一个沉默着的、思考着的背影。8 岁的小小少年那一刻在想些什么？我不知道，或许他也不知道，谁都不知道。只是我至今都不曾追问，我觉得更不必追问。但我知道，不管是在他的生命里，还是在我的生命里，都永远有那么一片湛蓝的海。

旅行若单单只看到了美景，那不算是成功，更多的应是收获一种成长。

出行，极大地锻炼了孩子的适应能力。人在旅途，作息时间难免会被打乱，别说是孩子，就是大人都觉得有点吃不消，但小家伙却能很快适应。比如我们去欧洲时，飞机飞了八九个小时，他在飞机上，看会书，但是只要打瞌睡了，选一个舒服的姿势，就很快能进入梦乡。什么时差、什么旅途颠簸，一点儿不会影响他的休息。而飞机一着陆，他便精神焕发，以饱满的精神投入新的旅行。

出行，极大地激起了孩子的求知欲。特别是去异国，旅行中，一切对他而言都是新奇的。我们会被他的各种的“为什么”包围，比如看到埃菲尔铁塔，他要知道它的特殊的含义。当他得知此塔寓意“无论你在哪里，无论何时，假若你愿意回头看，我一直在守候”时，便自然明白了相爱的人纷纷到这里留影纪念的原因；见到吉隆坡居住的印度人用右手抓饭吃，他好奇，刨根问底，了解清楚了印度人左手用于方便，因此不用左手和他们握手或者打招呼，否则，对方便会认为你侮辱他，他虽然很惊讶，但是尊重不同国家民族文化习俗就成为旅行中他的最好收获……

一路行走，一路问题，不等你刚回答出这个问题，新一轮的为什么又开始了。他用自己的眼光看世界，通过询问找到答案。

他的表达也越来越好了。这些年，旅行语录，已经整理两大本了。比如瑞士之行途中，“瑞士曾经像是一个遥远的梦，如今我梦泽来到你面前，如同漫步在云端，满足了我对美的所有想象”他一边观景，一边像演说家一样高声朗诵，声情并茂，逗得我们哈哈大笑……那一年，他9岁。

行走在旅途，身临其境地看世界，远胜过阅读旅行类书籍，这也就是“读万卷书，更要行万里路”。但是，自孩子能阅读起，我们行万里路之前，一定先读相关资料，让他参与到行程规划中。比如，去厦门，儿子要到海边玩沙，我为他提供了很多资料，让他选择最适合玩沙的地点。小家伙在众多资料中，不厌其烦地翻找比较，选择了紧邻大海的环岛路木栈道。虽然过程耗时比较长，但对孩子耐力和分析力是一种锻炼。

乘胜追击，我放手让他选择住处，各类酒店中，我和他一起确定选择标准，比如价格、位置、卫生状况等，最后他锁定西雅图客栈，而且给出理由：价格适宜，出行方便，紧邻海边和小吃名地儿曾厝垵。思路之清晰，理由之充分，让我惊叹！这之后，他的感受，就从书本上的模糊变得真实、立体、丰富起来。由他全程参与的规划，在行进中无论是否做调整，他都是积极参与，性情也变得更乐观开朗，而且更有担当了。

每当如此，我们都忍不住夸赞。儿子特别自豪，觉得自己已经成长为一个小小男子汉，腰板都挺得特别直啦！现在，每一次到陌生城市或者国家，我们都让他提前“备课”，这个地方的风土人情、历史掌故、名人逸事，都要他提前预习。这些无疑都能帮助儿子在大脑里构建自己的思考方式，因为每每到达目的地之后儿子便开始验证之前获悉的资料是否和眼前的吻合；在陌生的城市里开始和当地的人和事有了碰撞、交流……

行走在路上，让孩子认识了世界，更发现了更棒的自己！

我相信，未来，儿子会呈现出更多让我们惊叹的成长！

教 养 心 经

旅行是父母给孩子最好的陪伴，更是孩子成长的极佳途径。大人放下忙碌的工作，孩子放下繁重的学业，在互相关注、陪伴、依靠的状态下，走出原有的生活环境，走向自然山水，走向异国他乡，引导孩子用发现美的眼睛，去发现另一个世界，去发现更棒的自己。旅途中有美景，有父母明媚的心情和耐心的关怀，还有更多锻炼的机会。旅行中的收获是无价的，也是无可替代的！孩子的成长是飞速的，而且是书本无法给予的！让我们一起带着孩子出发吧！

本 文 作 者

曾娟，大庆第一中学优秀青年教师，高一语文备课组长，大庆市语文学科骨干教师并兼职教研员，科研成果收获颇丰。工作中，用心血铸就爱，用真爱赢得学生心，春风化雨，润物无声，用诗意般的语言，诗意般的生活态度，对学生进行诗意般的教育，燃起孩子学习语文的热情。曾获得大庆市骨干、大庆市三八红旗手、大庆市德育先进个人称号，并获得大庆一中教学能手、教科研先进个人、三八红旗手、优秀青年教师、先进女职工、感动校园人物等多种荣誉称号。

我和女儿的阅读心路历程

早上，一篇《儿童阅读，请温柔以待》吸引了我。文章指出了儿童在早期阅读中令人忧虑的几大问题。第一，出于好意，有些老师让孩子把阅读中遇到的所有不认识的字，查字典、注拼音、写解释。文中指出，这是非常费力不讨好的。

反思我们自己的经历，遇到不认识的字，往往不是停下来查字典，读准字音后再往下读，而是联系上下文连蒙带猜往下读，只要不影响对一本书大致意义的理解即可。第二，老师借助微信群，对每个孩子的朗读加以点评，谁错了几个字，谁错了几个词，一一指出。通过微信群，让孩子大声读，确实是一个很好的共读方式，但是老师如果把注意力聚焦在问题和错误上，而不是表扬上，可能会培养两位孩子，一位叫作“朗读障碍”，一位叫作“失去兴趣”。第三，大量纷繁复杂的阅读作业。常常在孩子们阅读兴趣还没有养成之前，老师就布置一些孩子们非常反感的事情——摘录大量好词好句、做读书笔记，让他们写读后感。

在第一点上，我有很深的体会。如果现在单拿出一个形近的字，比如“书籍”的“籍”和“慰藉”的“藉”，“墙壁”的“壁”和“和氏璧”的“璧”，女儿很容易混淆，但是把这些相近的字放到语境中，她又能辨析出来。

女儿是我 3 岁之后接回来的，从此就坚定地走上阅读的道路。我是把绘本阅读和经典阅读穿插起来进行的。绘本阅读主要是我读她听，不是平白直叙地念，而是加入了自己的情感，抑扬顿挫地发挥、表现，读到某处会突然停下来，卖个关子，让她或看图或猜想。

比如绘本《丑小鸭》开篇写道：农场里的鸭妈妈孵出了七只鸭宝宝，有六只黄色的和一只灰色的。隔壁的母鸡大婶们小声地议论着：“快看，那只灰色的好丑啊！”于是，大家都叫他“丑小鸭”。起先，我会绘声绘色地讲出来，让女儿先听到完整的情节，然后再引导她看图观察，七只，在哪里呢？六只黄色的在哪里？一只灰色的又在哪里？为什么这只和其他六只颜色不一样呢？然后过渡一下，接着继续讲下去。当我花费半个小时或更多的时间讲完这本，紧接着我会让孩子反过来讲给我听，趁机我会抓住她的优点，放大了鼓励、表扬，有的时候我还会把她讲的有意录下来，让她晚上临睡之前听听自己清脆、纯真的声音。绘本阅读上，主要培养孩子聆听、倾说、观察的能力。

大量的识字，我放在了传统文化的经典阅读上。经典阅读一定要采用大字版，带拼音的，而且一定要和孩子逐字手指指着来共读。开始可能是我们指着做示范，边指边大声读，到后来我们就完全放手了，让孩子自己边指边读，但我们不能离开，要稳稳地坐在孩子旁边，小声和着她来读。

美国人吉姆•崔利斯的《朗读手册》中有这样一句话："你或许拥有无限的财富，一箱箱珠宝与一柜柜的黄金。但你永远不会比我富有，我有一位读书给我听的妈妈。"妈妈或爸爸的声音一定是孩子最喜欢听到的声音，在这一点上，我不主张用听读机来代替。我家大大小小的听读机有四台，早晨孩子起床、穿衣、吃饭时，中午孩子坐在餐桌前进食时，晚上孩子在卫生间洗漱时，在车上带孩子出去时，我才会调大音量来播放，其余时间，都是我和孩子共同来读。

我和孩子是从最基础的“三百千千”，即《三字经》《百家姓》《千家诗》《千字文》开始，然后过渡到《弟子规》《大学》《中庸》《论语》《笠翁对韵》《声律启蒙》《道德经》《孝经》《朱子治家格言》《诗经》《唐诗三百首》。

可是现在回过头来反思，人的记忆犹如计算机资料的输入和保存，处在记忆力最佳状态的孩子，即使不引导他们记住有价值的经典作品，他们也会去背诵广告词、流行歌曲。因为重点不在理解，而在记忆。可是比起小猫叫，小狗跳，猫叫、狗跳好热闹的无营养的记忆，经典文化的记忆才能对孩子今后的文化生命更有意义。

而且孩子世界中的经典文化，绝对没有难易程度的差别，因此不妨一开始就从最难的读起，因为走艰难的路是人生的一种常态，走容易的路是人生的一种非常态。况且，一个人的记忆力发展是自零岁开始，1至3岁即有显著发展，3至6岁，其进展更为迅速，6至13岁，则为一生中发展的黄金时期，至13岁为一生记忆力的最高峰，以后最多只能保持此高点，往往20岁以后，心境一不平衡，便有减退可能。

但是，经典的阅读是很枯燥的事情，一定要循序渐进，由开始时的每次十分钟，再过渡到二十分钟，以至后来更长的时间。

如今女儿已经顺利地升入小学，开学已经是二年级的孩子了。识字量逐渐增加，完全可以自主阅读，不过不借助拼音，阅读起来还是有些困难。记得刚开始学习拼音的时候，女儿总是分不清声母和韵母，声母中极容易混淆的 b、d、p，在听写汉字注音的时候肯定会出错，更分不清单韵母和复韵母。

尽管我想了很多办法，下载了《蓝猫学拼音》等儿歌式的、形象化的视频资料，买了海量阅读大家韩兴娥的《学拼音儿歌 77 首》，自己制作了可以随身携带的拼音卡片，也买了可以贴到门上的拼音贴图等，实际的效果还是不大。可是我恰恰忘记了一点：字不离词，词不离句，句不离文，我应该让孩子大量地阅读带拼音的书，而且这些拼音书必须符合孩子一年级的心理特征，比如日本作家古田足日的《一年级大个子二年级小个子》、杨鹏的《装在口袋里的爸爸》、殷健灵的《安安和狗狗铁蛋》、秦文君的《小辫子丫丫》、北猫的《米小圈上学记》、杨红樱的《蚂蚁城堡》，这些是我在一年级下学期才反省过来的。

不怕念起，唯恐觉迟，后来女儿开始大量阅读带拼音的书，一直到现在，并且看书的速度越来越快，一本 120 多页

的带拼音的书四五十分钟就读完了，有的时候我害怕女儿走马观花读得不认真，等她读完就问她书中相关的情节，女儿都能说得出来，原来我的担忧纯属多余。

教 养 心 经

网络上有各种从娃娃抓起的桥段：高考要从娃娃抓起，炒股要从娃娃抓起，足球要从娃娃抓起，法制教育要从娃娃抓起，我以为都没抓住根本，唯有阅读从娃娃抓起才是正道，毕竟一个打小喜欢上阅读的孩子，再坏也坏不到哪里。

本 文 作 者

许敏，男，1977 年生人，2001 年大学专科毕业，执教于一所乡村初级中学，然后毅然决然南下西安，读了本科，读了硕士研究生。2008 年起站在了高中讲台上。认认真真教书，平平淡淡生活，决心在教育的道路上奋斗到底！

把日子写成“故事”和“诗”

六六，我家女儿。对六六来说，编故事与写诗，就是生活。她还没学会说话，我们就开始用儿童的语言和她对话，让她浸泡在故事里。

要吃鱼肉了：哇，小鱼游过来啦，快把嘴巴张开。要吃米饭了：哇，饭宝宝想到你嘴巴里做游戏了，饭宝宝先荡秋千，左边荡到右边，右边荡到左边，然后，滑滑梯滑到肚子里去啦！

等她会说话了，每一次吃饭，就是童话故事展示会。饭里加了汤，那是饭宝宝在泡温泉；吃粉丝，那是饭宝宝在走钢丝；吃青豆，那就讲讲豆宝宝旅行记……这些故事，还有续集，一集一集可以接着讲。天黑了，要睡觉，我们就讲“夜黑黑”和“夜亮亮”的温情故事。每天熄灯后，我们都在这

样的故事对话中入睡。

在故事中泡大的六六，就显得特别童真可爱。记得她当时才3岁，看见院子里有的茶花的蓓蕾点点红，问我：妈妈，这些花为什么还没开呀？我回答她：冬天很冷，她还盖着绿色的被子在睡觉呢！六六就对着小蓓蕾奶声奶气地喊：小花，起床啦，不要睡觉啦！

六六看见柳条垂在水面，她会说：妈妈，柳树很爱漂亮，梳了这么多条长辫子。六六看见天上的月亮不够皎洁，她会说：妈妈，今天月亮没有洗脸，有点脏……可以说，世间万物，都成了我们想象的天地，故事的源泉。

等到六六慢慢认识字了，我就和她一起读绘本、读诗歌、认识数字。我们在读书中继续我们的故事编写，故事编写后，尝试让孩子写诗歌。每次外出，就是我们编故事和写诗歌的最佳时机。这个时候的故事与读书就有了一些结合，也把思考引向了深入。听了“夸父逐日”后，我们讲“小火人的故事”……

夸父追赶太阳，最后渴死了。大家就想，还有什么办法可以抓住太阳呢？找后羿把太阳射下来吗？可是天上的太阳只有一个了，如果射下来的话，太阳受伤死了，天上就没有太阳了。找条长长的绳子，用一块石头绑着，扔过去，把太阳绑下来？太阳是圆圆的，马上就会滑出去。况且，到哪里去找那么长的绳子呢？用消防车装满水，先灭了太阳的火，再爬到太阳里去？那太阳不会发光了，冬天会太冷的。再想想办法看。太阳公公知道大家要抓他，可生气了。他的眉毛，头发，胡子，一根一根全都竖起来，而且啊，全发出红色的火花。看上去，就像是……就像是红毛丹一样。眼睛更不要说了，红得像草莓一样。太阳公公太生气了，所以他下山的时候，就没有好好看路。这下子，就中了大家的计策啦。原来，大家想，太阳公公每天回家，都要经过西面的山。就在山顶上，放了许多许多的清洁球。现在，清洁球就勾住了太阳公公的胡子，好多胡子都被扯下来了。这些胡子，就变成了一个一个小火人啦。小火人第一集到这里结束。

编故事，让孩子觉得好玩。写诗歌，孩子更觉得有成就感。给她准备了一个小本子，记录着她日常写下的诗歌。儿童的语言天生就是诗歌。把孩子的话记下来后，放在微信上，让她享受到创作被肯定的滋味。有一段时间，几乎每天她都要“写”好几首。因为她觉得写诗歌实在太容易了，每天发生的每一件事、每一个画面，说出来就是一首诗歌啊！只要她说我要写诗啦，我就把她说的话记下来，然后反复读给她听，她说要改我就给她改。

做饭可以写成一首诗：

原来这样 / 爸爸在厨房做食物 / 妈妈陪我做奥数 / 突然 / 爸爸传来一声惊叫 / 妈妈冲进厨房 / 什么断掉了 / 什么断掉了 / 小心 / 小心 / 我跑进厨房 / 什么淡掉了 / 什么淡掉了 / 加盐 / 加盐 / 爸爸挠挠头 / 我说的是蛋掉了 / 蛋掉了 / 没事 / 没事 / 啊 / 原来这样

画画可以写成一首诗：

画妈妈 / 我有一个胖妈妈 / 我想画瘦她 / 身体瘦一点 / 腿长一点 / 鞋跟高一点 / 嗯 / 不能太瘦啦 / 太瘦太虚弱

大自然的万物，更是可以写成一首又一首的诗歌。

夕阳 / 爸爸说 / 夕阳是牛郎提的灯笼 / 他在找织女 / 妈妈说 / 夕阳是云朵下的金蛋 / 我说 / 夕阳是天空妈妈送给彩

虹姐姐的礼物 / 夕阳还是一个大汤圆 / 是天空妈妈给云朵宝宝做的晚餐

现在，六六已经读小学二年级了。她古灵精怪，想象丰富。写作文和表达是她的强项。不仅仅如此，我们之间的一些教育，不需要讲道理，只要通过故事表达就可以了。在故事中，我们的情感教育、品德教育、行为教育，全都可以巧妙解决。六六性格急，我们就编小鞭炮的故事；六六叛逆了，我们就编一个什么事情都反着做的小宝宝的故事……故事讲完，道理六六自然也明白了。

我们把日子也过成了故事的模样。六六弹古筝，突然心生烦躁：我老是弹错！我走过去，对着琴一顿臭骂说：你怎么回事啊，让六六弹错！你是故意欺负六六吗？你再欺负试试！你以为这样就能打败六六吗？你太小看六六了！六六马上就能打败你！马上就把你弹熟！我还没骂完呢，六六已经微笑着继续弹琴了。

我们的每个日子，继续过成故事和诗歌的模样。

昨晚，她说要来个睡前游戏。我们立刻创造出游戏来。我们在床上进行了一次“小品”演出。我们钻在棉被下，变成两颗小青豆，然后，两颗小豆慢慢长大，长出了两片“叶子”（两只手），长出了双胞胎豆芽（两只脚）。这是神奇的豆芽，她们会打拍子（用脚打）；她们会做数学题，用脚展示出一加一、一乘以一、一减去一的答案；她们会上体育课，表演一二一的走路节奏；她们会写很多字，用脚去书写；她们会跳舞，用手和脚配合做舞蹈动作……这样的游戏就是一次故事编写，也是一次主持人语言表达的锻炼。

我们把日子过成了“故事”和“诗”，我们的每个日子就如诗如画，如故事精彩。

教 养 心 经

用故事进行隐喻，源远流长。从《诗经》中的比兴，到孟子的类比说理，再到无数的寓言故事，故事里面乾坤大。归根结底，是人人都喜欢听故事。让孩子在故事里长大，是符合孩子的天性的。引导孩子编写故事，享受文字的快乐，再从故事里滋养出文化、品德、文字的大树来，这是父母的功课。许多父母买了书本，讲故事给孩子听，这自然很好。

作为语文老师，我想，我们有得天独厚的优势，我通过与孩子共读、共讲、共编、共写，让孩子浸泡在文字的魅力里。既感受到故事的精彩，又从故事中走出来，用文字为工具，写诗歌，用故事为工具，活出精彩。

本文作者

李文秀，浙江省慈溪市上林中学语文高级教师，曾获得宁波市骨干教师、慈溪市名教师、慈溪优秀教师等荣誉称号。她始终追求诗意而有情趣的语文课堂。她努力构架师生之间、学生和文本之间的情感桥梁，课堂情感丰富、趣味横生，主张课堂有温度、有趣味、有思维力。

劳动成就的幸福

此时书房里光影温存，世界长出视线外，有种错觉，仿佛是住在了雨中山果落与灯下草虫鸣里，又仿佛是住在了江湖雨夜十年灯里，让我只愿想起美好的故事。因为故事里有着你，我暖心的宝宝。虽时隔多年，但只要想起你和我用劳动成就幸福冬日的一场蘑菇的故事时，我心里涌起的始终是浓厚的幸福滋味。

我记得那年冬天很冷，而你还小。为了让你体验城市生活里难以体验到的劳动乐趣，一天傍晚我从农科院满心欢喜地拿回了两盒蘑菇，打算开展一场由美好想象而来的种养蘑菇活动。

“妈妈，这是什么？”你充满好奇的眼神，蹲在蘑菇盒前张望，让我对自己于此事的预期判断多了几分的得意。

“是蘑菇呀，你和妈妈一起养蘑菇好吗？”我兴奋地对孩子说。

“太好啦！”孩子高兴得叫出声来。

“可是，妈妈，我不会养蘑菇怎么办？”孩子着急地对我说。

“妈妈和你一起养蘑菇。”听我这么一说，孩子便安下心来。

“嗯、嗯。”孩子信任地望着我，点头，微笑。

于是我与孩子就有了一场关于蘑菇故事的美好演绎。

其实，我心里是有懊悔的。因为对于自己而言蘑菇种养是陌生的领域，自己没有任何经验，确实不知道该如何种养。在没有做好必要的准备功课的情况下，我一时头脑发热就匆匆忙忙地跟孩子开展了此项活动。但是在孩子面前，我不能流露出半点的茫然、不知所措的神情。于是，当晚等孩子睡下，我立即展开了蘑菇种养知识的补课。先是查看那份包装袋里简单的说明书，然后上网搜索，还有就是咨询一些朋友……一番努力之后，我想应该可以应对了。

第二天，我在家里选择了 3 个没有阳光直射的阴凉处，并标记上 A、B、C，由宝宝自己决定把蘑菇安放在哪里。宝宝真的好可爱，认认真真地把 3 处地方观察了一番，最终分别把两盒蘑菇放在了 B、C 两处。

“宝宝，为什么没有选择把蘑菇放在 A 处？”我问孩子。

“妈妈，我觉得 B、C 这两个地方更适合蘑菇的生长。”孩子自信地回答。

太好了！听到孩子的话，我心里非常高兴。孩子在自主选择的过程中已经有了自己的思考、权衡与判断。而这些恰恰是我所期待的。

“那宝宝说一说 B、C 两处为什么比 A 处更适合养蘑菇呀？”我高兴地继续追问孩子。

“B 在阳台拐角，C 在走廊尽头，这两处和那张说明书上要求的种养环境条件比较接近；A 在洗手盆下面，不通风也不卫生，所以我决定放在 B、C 两处。”孩子有理有据地回答了我刻意的提问。

宝宝是天使，不断欢喜着我的内心。此番经过考量后做出的抉择，我看到了孩子在事情的本身里由自己的主见进而生长出来的判断事物的眼光，而不只是简单地听命于父母或是为旁人意见所左右。这是一个孩子多么宝贵的生长。

接下来孩子和我面临的更大的挑战就是要把蘑菇包养出蘑菇来。根据蘑菇生长在潮湿环境的特点，我和孩子商量后决定由孩子负责给蘑菇包喷水的工作。至于一天的喷水次数，孩子根据每天观察到的实际情况自行决定。

孩子接到任务后，激动、兴奋啊！因为虽然目前一切尚无，而我却说坚持喷水一切都会有。于是一连三天里，孩子每过几个小时就去看一眼，当看到水快干了就毫不犹豫地给蘑菇包喷水！那三天里，孩子滋滋作响地喷水，热情高涨地喷水。而蘑菇包上却始终不见一朵小蘑菇的影子。孩子一颗期待等待的心感受到的是难过与沮丧！

“妈妈，我每天都辛勤地给蘑菇包喷水，可为什么没有小蘑菇呢？”孩子焦急地问我。

其实，我确实亲见了孩子每天都坚持给蘑菇包喷水，自己也不懂应当如何向孩子解释蘑菇没有生长的原因。

“宝宝，也许我们的小蘑菇还要喝很多的水才能长出来，再坚持喷水三天好吗？”我只好这么回答孩子。

“妈妈，再喷水三天真的会有小蘑菇吗？”孩子有些茫然了。

“坚持，宝宝，蘑菇会长出来的。”我不确定的内心强装肯定地回答了孩子。

蓬勃的好奇与坚定的意志似人性中闪光的两朵花，靠着它们，我与孩子一往无前。在接下来的三天里，孩子坚持喷水，而我也开始与孩子一起参与到给蘑菇包喷水的工作中来，这才发现了问题。确实，我完全放手给孩子负责喷水的工作，没有具体的指导，不经事的孩子又怎么知道该如何把握喷水的“度”的问题呢？孩子是每天给蘑菇喷水了，但是每次就是几喷，远远没有达到蘑菇生长所需要的比较潮湿的环境。那一刻，我忽然在一瞬间真正懂得了为人父母的使命是什么，是要将美好的事物教给孩子。

于是在接下来的日子里，我们给蘑菇包加大了喷水量。果不其然，水生万物。就在种养蘑菇第五天的清晨，孩子一大早醒来就跑去看蘑菇包，当见到有小蘑菇的“头”冒出来了，就欣喜若狂地跑过来告诉我。我那颗悬着的心总算落了下来。每当回想起我和宝宝一起种养蘑菇的场景，我始终觉得那是人间一幅多么纯美的画面。

随后的几日，蘑菇生长的速度之快，让我们叹为观止！眼看着蘑菇的菌盖长成了很大的圆形，边缘已出褶、开裂，我知道收获的时候到来了。

“宝宝，蘑菇长大了，我们准备收割，好吗？”我试探性地与孩子商量。

既然孩子参与了种养蘑菇的全过程，那么收割是须经孩子许可方能进行的。如果孩子舍不得，我尊重孩子的决定，不勉强，不劝解。如果孩子同意收割，我就和孩子商量用蘑菇做成礼物或者一道菜。我心里是这么想的，无论是哪一种情况都好，因为过程中已收获满满。

“妈妈，两个蘑菇包可以收割好多的蘑菇，好高兴啊！”孩子与我说这番话时，眼中泛出的是不舍的眼神。

“宝宝，别担心，一个蘑菇包可以收三茬。就是收割后还会再长出来，总共长三次。”我把我所懂得的都说出来，剩下的就由孩子自己决定吧！

故事的最后，那年年夜饭的餐桌上，有鲜美的蘑菇汤，我们开心地庆祝！

如今想来，我很感谢这场蘑菇的故事，让我与孩子感受了生活的情趣与惊喜，体验了劳动的乐趣与成就。文字让记忆永恒，故事就永远回味。

教养心经

一切教育都是从我们对儿童天性的理解开始的。孩子在成长中为父母成熟的人性奠基；孩子在成长中为我们的生活增添了许多光辉的质感。热爱劳动、学会等待、珍惜所有，这些是儿童心情教育的问题，也是一生的命题。漫长的一生里，孩子只有学会通过劳动付出追求自己的目标，学会享受达成目标后的幸福感和满足感，才会获得真正的幸福。

本文作者

蒙丽丽，广西南宁外国语学校教师，研究生学历，硕士学位，南宁市教学骨干，南宁市教育科学“十二五”“十三五”课题负责人，多次荣获省市各级各类奖项；荣获全国高中语文教师教学基本功大赛一等奖、最佳教学语言奖；多篇教育教学论文获奖并发表在《语言文字报》《中国素质教育创新研究》《广西教育》等刊物；担任语文学科研修用书《同课异构与点评·高中语文经典篇目》编委；担任中国国际广播出版社新课标必读名著名师备考系列丛书编委。在语文世界里濡养宁静、柔软、温暖的心灵。

其实，我想你

这两天是开学季，相熟的同事碰到了都问：你把小胖子送到哪里读书去了？我说：陆慧德，私立的，寄宿。同事说你真狠心啊，舍得吗？

舍不得，我怎么会舍得呢？今天中午下班，跟同事一起走，他说：你现在提前成了“空巢老人”了。我大惊，可不，我的感觉就是巢空了。昨天下午下班回家，打开门，客厅没有人，卧室没有人……不大的家找了几圈，只有一种巨大的失落、空荡。

从前我一开门，小胖子就蹿出来了：妈，你怎么才回来，我都快饿死了！然后就是叽叽呱呱，老师啊、同学啊、笑话啊说个不停。我常常不听，轰他去写作业，每每我批评他，一个男孩子怎么这么多话！他却总央求我，你再听我讲一个，就讲一个笑话！“好吧好吧”，我答应他。

小胖子刚两岁就被我送进幼儿园了，因为我当班主任，没时间管。那时候我的姥姥，实际上是小胖子外婆的妈妈，帮我带他。她去接送小胖子是背着去背着回，累了就在路边歇歇再走。有一次我下班路上看到了，心疼，也心酸，冲姥姥发脾气，不让她接送。

我自己有时候没时间去接，就拜托办公室的老师接，他们的孩子也几乎都在那个幼儿园，老师多半都认识，我也放心让他们接。同事邱邱帮我接得最多，那时他新婚，带着妻子去接小胖子，然后一人牵着小胖子的一只手去月河桥散步。后来我调来黄石市，小胖子一再要去找邱邱，电视里放《捉泥鳅》“大哥哥,好不好我们一起去捉泥鳅？”小胖子听到“鳅”字，围着电视转：邱邱在里面，邱邱在里面，把他放出来……不依不饶的。

刚来，学校交给我最差的班，最淘气的孩子，我依然当班主任，还带两个年级的课。学校离家远，每天是五点多出门，晚上有时十一点才到家。幼儿园校车每天在家附近巷子口接送孩子，婆婆也帮忙接送。

婆婆时间观念差，经常是校车送到巷子口了没有人接小胖子，园长的家距离我的学校不远，就把小胖子捎来我的学校。我上晚自习，他就在我的办公室，正淘气的年龄，分不清哪里可以动，哪些东西可以碰，在大人看来就是搞各种破坏：在同事凳子上涂胶水，把我们给学生考试用的试卷撕了折飞机，大冬天从外面搬来雪球藏在抽屉里，用打火机把同事的球鞋烧个大洞……

有一次他把一个同事桌面搞得乱七八糟，桌子下的试卷也踢乱了，同事冲刚下课的我大吼：你不要再把孩子带来办公室了！我怔住了，继而眼泪长流，我又何尝愿意这样？因为淘气，小胖子没少挨打。每打完了他，我的巴掌火烧火燎地痛，我的心里更有说不出的难过、伤心、委屈，更多的是心疼。我总是忍不住泪水，可一见我哭，小胖子便不哭了，转过来安慰我："妈妈，我其实不疼。"

小胖子上小学就在我学校旁边，每天跟我一起来一起走。中午就吃食堂、睡办公室。那时候流行偷菜游戏，我俩中午挤在电脑跟前守着人家的菜园，熟了就赶紧下手，看到满满的收获都开心得不得了。可是，刚6岁的孩子每天早早起来，坐将近四十分钟的车到学校，中午又没能好好睡，上课打瞌睡，老师把我叫去，批评我：妈妈不像妈妈，孩子不像孩子。我没敢反驳，其实孩子是好孩子，是妈妈不是好妈妈。

小胖子性格很宽厚，同事的孩子都愿意跟他玩。比他小三四岁的，比他大三四岁的都能跟他玩到一起，于是我家常常是他们的游乐场，也就常常被折腾得乱七八糟。小胖子开始写关于母亲的作文，开篇就是“我妈妈戴着眼镜，个子高高的，看上去很神气。她是个老师。我妈妈性格宽容，有一次我跟朋友在家玩，弄得客厅都是水，我妈妈一个人打扫卫生到十一点多钟了，但是她没有生气……”他写的是真事。

有一次我又被老师叫去，小胖子带去学校一个小飞机，课间一个同学抢去玩，伤到了另一个同学的脸，老师气急败坏，家长气急败坏。我赶到时，小胖子含着泪，仰着头望着老师，老师说一句，他点一下头。“你错了没有？”“错了”，点头；“以后还带不带玩具来？”“不带了”，点头……

我给那受伤的孩子买了牛奶之类的慰问品，赔礼道歉。回到家里问小胖子，为什么要带玩具上学去呢？“美术老师要求的，带个小玩具去画画。”小胖子老老实实地说。第二天，有个家长跟我鸣不平：“这事不关你家小胖子什么事啊？”那个受伤小孩的家长知道了原委，碰到我，也有点不好意思：

“实际上不怪你家小胖子，是我当时太激动了。”我的小胖子居然没有反抗，也没有抱怨。我花了三十多年的时间，也没学会隐忍，依然是一蹦三尺高。我的小胖子早早的就不在意这些事了。

没有跟同学打过架，虽然他块头一直比较大，但心善手善，被女同学欺负，躲在厕所里不出来，都不曾还手。跟同学打篮球，脸被撞青了，也没说一句难听的话……老师病了，我的小胖子回家念叨不知道老师病的要紧不要紧；给生病的学生捐款，小胖子总央求我“妈妈你可不可以再多捐点？”老师从国外回来一人发了一颗巧克力，小胖子带回来给我，说“妈妈这个巧克力好香，我隔着包装纸闻了好半天，差点没忍住”……

人家的孩子都是几代人的宝贝，我的小胖子却是粗糙地长大的。整个小学，我接送了一周，一周后便自己来去了，因为不需要过马路，出我的校门二三十米就是他的校门。下雨天，我会跟他说，如果妈妈没给你送伞，就肯定是没有时间，你可以选择跟同学共伞，也可以淋雨回来；如果雨大，你就在门卫室等妈妈，妈妈一下班就会去找你。

小胖子七岁多就开始参加夏令营，北京、香港、澳门、上海，还有“大兵小将”之类的，一去一周多，自己洗衣服。第一次去香港、澳门，出门带了五六套衣服，回家就只剩身上穿的一套了，但给每个人都带了小礼物，爸爸妈妈、外公外婆、奶奶、舅舅、姑姑……

教养心经

现在很多孩子都被家长过度保护，很多能力都缺失甚至退化了。我觉得孩子的成长要从家长放手开始。家长放手了，孩子会更自由地成长，会自己想办法解决遇到各种的问题。带着小胖子一路走来，我不仅放手甚至几乎完全放养，虽然相比其他父母，我的陪伴相对少些，但却给了他宽松的成长环境，使得他成为一个独立、负责又宽厚有爱的少年。

写这些的时候，我没有一个成功母亲的骄傲感，虽然我由衷地为我的小胖子骄傲，但内心里其实更多的是愧疚。与其说这是一篇“经验之谈”，不如说这更是一篇反思之作。

马于玲，本文作者，现任教于厦门市海沧区实验中学，中学高级教师。曾荣获湖北省高中语文青年教师优质课大赛一等奖，第五届全国高中语文教学基本功大赛现场授课二等奖，湖北省教育学会2016年年度先进工作者称号。在多家刊物上发表过论文。一直以来喜欢教师这个职业，喜欢中学语文这个专业，痴心不改；一直相信中学语文教师是世间最容易获得幸福的职业，矢志在中学语文的高地上耕种、收获。

静听花开的声音

——倾听儿子的慢言细语

“妈妈，我的笔在哪里？”

“妈妈，你看看这个，真有意思！”

“妈妈，这个题……”“妈妈”

“妈妈……”

好吧！无奈，忍耐；烦躁，再忍耐，依然不绝于耳，终于一声吼：“怎么了？”

“妈妈”这个全世界都认为最美的词语，为何此时在我听来就如同魔咒，甚至在周围一片寂静的环境中还隐约听到那声声“妈妈”，我都产生幻听了。

吼完后，儿子无休的诉求终于停歇了。我也反应过来，自己的暴脾气没有忍住，深呼吸，平息，心里默念：对不起。然而嘴上还死撑，口气稍微强硬："你叫妈妈有什么事？"儿子半玩笑半迟疑地看着我："没事，我忘记了。"忘记了！心火又慢慢燃烧起来，大声呵斥他。当时的我已经彻底被烦躁淹没了，一股脑地将他最近的所有不好的行为总结算账，火越烧越旺。儿子脸色渐渐发白，不敢言，不敢动，他也好像有些害怕发抖。

爆发后，我自己反而也像个迷路的人，脑子里一片空白，更加迷惘：自己说了什么？为什么要斥责他呢？所有一切都被本不应该存在的心火烧光了，就连点点死灰都没有剩下。留下的只是懊悔啊！默默过了半个小时，我偷偷地看了儿子一眼，胖胖的小脸上印着泪痕，紧紧抿着小嘴，用力地写着什么。惭愧、疼痛一齐涌上来，我一直在心里道歉：对不起，宝贝，对不起，不分青红皂白地冲你发脾气，是我的错。

在教学工作中，面对学生的疑惑，我可以耐心地引导指点；面对他们的错误，可以宽容原谅并且给予改错机会；面对他们的进步，也可以真诚称赞和积极鼓励。总之，在学校的我平心静气地对待学生，可是回到家中为什么会如此对待儿子呢？

当天始终没有鼓足勇气向儿子当面道歉。晚饭时，儿子也小心翼翼地和我说话，说很少的话。有时我问他答，他也不敢正面看我。晚上我没有自习辅导，就留在家陪儿子，家里特别安静。

儿子刚出生时，我小心地抱着他。他小小的、软软的身体，蜷缩在我的怀抱中。而初为人母的我，抱孩子的动作还不是很熟练，但是心里欣喜，这就是我的宝贝，一辈子的宝贝！只想一直这样包围着、保护着他，而现在沉默和尴尬悄悄拉远了我和儿子之间的距离。那晚，我辗转难眠，深夜在微信朋友圈中发出这样的信息：总觉得亏欠儿子很多！热心朋友直接回复道：想方设法弥补。可怎么弥补呢？

我们母子的尴尬紧张持续了几天，我也一直在思索寻找补救的办法。

几天后，晚睡前的亲子阅读，我和儿子开始共读新的书籍——日本作家黑柳彻子的《窗边的小豆豆》。读到小豆豆进入新学校巴学园的片段：“小豆豆本来以为，校长先生会问些什么问题，让自己回答。当听到‘说什么都行’时，小豆豆开心极了，立刻开始说起来。说话的顺序、说话的方式，都有点乱七八糟的，但她拼命地说着。”“校长先生看了一下怀表说：‘啊，已经是午饭时间啦。’这就是说，先生整整听小豆豆说了四个小时的话。”儿子不由自主地羡慕：“真好！”这句“真好”打断了我，也提醒了我，应该和儿子认真沟通了。

我试探地问他：“为什么会觉得好呢？”

他不假思索地说：“可以把心里的话全部说出来。”

我心里又一颤：“你也有很多话吗？”

儿子瘪着嘴，顿了几秒，点头。

“为什么不说？”

他又低下头：“你们不听！”

阵阵酸痛，我赶快道歉：“宝贝，妈妈向你道歉，前几天不应该朝你发脾气，是妈妈的不对。以后妈妈保证，认真听你说话。”

儿子眼睛红了，想哭，但是小家伙又抿着嘴努力忍住了。我立刻伸开双臂，索求儿子“爱的抱抱”。儿子又转而兴奋，也抱住我，儿子的小小身体还是那样软软的。

我问儿子：“你可以告诉妈妈，为什么要对妈妈说那么多话吗？”

儿子又顿了一下，告诉我：“因为我想让你陪我。”

儿子出生至今，我一直在默默关注着，也用心去记录他成长中点点滴滴的变化。随着他慢慢长大，我对他的教育观念也在发生改变，自认为，男孩子不可以总是依偎在父母身边，应该更加独立，这样才可以成为有责任心的男子汉。于是，我决定要“放手”，也逼着自己“狠心”。结果这一狠心致使自己变成活脱脱的“虎妈”。“自己来”“自己做”等类似的话语常挂在嘴边，没有像之前的陪伴了，而儿子不仅没有独立，反而更加手足无措。

关心则乱，这也让自己更加迷惘，更加焦虑，也更加没有耐心。

听了儿子的真心话，我强忍泪水，慢慢和儿子说：“宝贝，妈妈尽量多陪伴你，那你也尽量自己的事情自己做。”儿子一边高兴，一边又和我高兴地拥抱。

儿子慢慢进入梦乡，仔细地端详着他，我悄悄地落泪。实际上，母子之间何须太多的芥蒂，应该及时坦诚沟通，也需要合适的陪伴。

后来，我们母子之间偶尔也会出现一些小摩擦，但是我都可以更加耐心地与他交流，我们都坦陈自己的想法，最后也可以用“爱的抱抱”化解所有的不快。

寒假回到外婆家，外婆说儿子现在比之前能说了，也会说了，不是一味地撒娇，而是可以明明白白地说出自己的道理，小大人一般，很可爱。听到这样的反馈后，我很是欣慰，也为儿子的改变而骄傲。

儿子嫩嫩呼唤的“妈妈”，在我心里又回归了这世界上最美妙的声音。

教 养 心 经

孩子的成长之路，实际上也是妈妈的成熟之路，从起初的无微不至的呵护，到理解和放手，每一阶段的变化都是母子共同的必修学习课程。“牵着蜗牛慢慢散步”，一切不可以急于求成。孩子可能在成长路上被一朵小花吸引，可能会留恋于路上奇形怪状的石头，也可能会拉着妈妈的手呆呆地站着……不要着急，放心吧！他们肯定会走上属于自己的人生道路，反而会走得更加踏实，更加稳当，我们做父母的全部心愿——他们的健康快乐成长！

本文作者

胡艳，现任教于山西省忻州市静乐一中，教龄12年。董一菲诗意语文工作室编辑。10岁四年级小男孩的妈妈。曾多次获得县、市级教学能手称号及市级课堂教学比赛一等奖称号，获得山西省第十届“金钥匙”语文课堂教学竞赛三等奖，多次在省级刊物发表论文。全心投入语文教学教研工作，时时反思，任教目的唯有让学生爱上阅读，爱上语文！

猫妈和虎娃

儿子生年属虎，生时属虎，出生时七斤八两，生得虎头虎脑，哭声响亮，家里人都叫他“虎娃”。

转眼间，虎娃 4 岁了。他是个眉眼间总是堆着笑的孩子，很讨人喜欢。在年过七旬的爷爷奶奶眼里，虎娃更是个小皇帝。每次吃饭，爷爷总是先把他的小碗、小勺放好，奶奶把他的小围腰系好，抱他上桌子他才开始吃饭。好几次，他口渴了，发现杯子里的水还有点烫，他就站在那里虎啸。这时，爷爷奶奶就赶紧跑过来给他杯子里的水吹凉……

我对他这样的脾性很惊讶，决定接到自己身边管理。之后的日子，每当煮好饭，我会因为“忙得很”请虎娃帮我摆凳子、拿筷子；下班回家会因为“累得很”请虎娃帮我放鞋子、端杯子。虎娃看课外书，有不认识的字，我正忙着备课，对他说：“妈妈忘了，不认识了，你查下字典呗！”虎娃的球鞋脏了，我说：

周会林，本文作者，张萍名师工作室成员。毕业于西华师范大学文学院，四川省宜宾市第六中学高中语文教师，宜宾市高中语文骨干教师。荣获宜宾市教学质量一等奖，宜宾市高中语文课堂教学竞赛一等奖，第九届『四方杯』全国优秀语文教师选拔大赛二等奖。在期刊发表论文多篇。教育感言：教育的真谛在于唤醒。

“你已经长大了，一定能自己把它擦干净呀！”虎娃喜欢玩玩具，更喜欢拆玩具，小汽车为什么会跑？陀螺为什么会转？为了探个究竟，他常常是拆坏很多，装好很少，我也懒得管……

久而久之，因为我的“懒惰”与“笨拙”，虎娃说我与家里的猫咪相似，叫我“猫妈妈”。但猫妈妈懒得做的事，虎娃替她做了；猫妈妈记不住的知识，虎娃自己想办法弄清楚了；很多猫妈妈懒得管的事，虎娃倒是自己学会了。

虎娃 6 岁，该上小学了。上学前一天，虎娃一本正经地宣布：“从明天起，我是小学生了。请大家叫我浩然（他的名字），浩然正气的‘浩’，浩然正气的‘然’！”谁知，不叫“虎娃”的娃，虎性子倒是越发明显了。

那天晚上，因班级事务回家晚了些，陪然然学习的是外公。老师要求备考第一单元，复习过程中，然然住了口，折着书角出神地盯着一处不作声了。外公手指敲打着桌面，“快读快读，读完十遍！”然然回转神，读了两遍，竟又停下了。如此这样好几回，外公不耐烦了，举手打向他折书角的手，颤声吼道：“催你就读，不催你就停，你这样不肯认真复习，明天考 50 分，长大了没出息，快读！”外公的敲打，不知真疼了没；苦心的责骂，也不知听没听得。反正然然的虎性子发作了：“不读不读就不读，明天考 50 分也不读，长大了没出息也不读！”踏着然然的哭闹声进屋，听着外公愤愤的讲述，累了一天的我火气一股脑儿往上蹿。

“为什么总停下来，想什么呢？”我压制着火气问道。“我不想复习！”然然止住了哭声。“一单元嘛，小意思！”“明天可以考100分？”“至少99!”小家伙昂着头，一脸自信。“好，那就不复习！”

第二天下午，老师在班级群里公布了测试成绩，如我所料，90分以上的名单里没有他。

晚上回到家，我装作不知道成绩，“儿子，今天考了多少分呀,试卷给妈妈看看？”然然慢吞吞地从书包里掏出试卷，怯怯地递到我面前，还没等我说话，已经哇地一声大哭起来。

从那以后，考前复习是不需要提醒和督促的事儿，猫妈妈就更加懒惰了。

今年国庆节，先生从上海回宜宾！应然然之求，我们去峨嵋山观猴。驱车五小时，到达五显岗时，迎接我们的却是瓢泼大雨。想到此处到猴山只能徒步，且雨中山路湿滑难行。先生与然然商量，“雨越下越大了，我们回去吧，下次来看？”然然没有作声，用祈求的眼神望向我，又用渴望的眼神望着猴山方向。“妈妈，有卖雨衣的！”然然眼前一亮，像是遇到了救星。我默默地给他穿上雨衣，留先生在身后嘀咕着“你就惯吧！”

遇雨，路滑，逆流，行程十分缓慢。徒步约两小时，才到达传说中白蛇和青蛇斗法的清音阁。不常走远路的我早已腰酸背疼了。见迎面走来一对带小孩的夫妇，我赶过去问猴区还有多远。“远着呢！雨太大，我们走到一线天就回来了。”

回头看此时的然然，球鞋被积水打湿，裤管也被溅起的水花打湿到膝盖处了。出发前还有说有笑的他，此时也默不作声了！雨没有要小下来的意思，天色也渐渐暗了下来。

沿山而行，终于抵达双桥清音寺。山路突然变得陡峭起来，很多轿夫在此歇脚揽客，“小伙子还走得动不，坐滑竿儿不？”看着走得一瘸一拐，在坑洼的山路上摔爬得又湿又脏，可怜得像个小乞丐的儿子，我心里如打翻了五味瓶儿。正计划着让他坐滑竿儿，却见他从路边捡了根别人扔下的竹杖，一瘸一拐又向前走去了。

走到一线天，我的两腿已不听使唤。担心去程越远返程越远，我们开始频繁地询问有没有人见到猴。“这么大的雨，公猴、母猴、长猴、幼猴，有的是呢！”一位大叔幽默地回答说。我和先生自然明白大叔的意思，但看到摔成了泥娃却依然前行着的儿子，只好又继续跟上。

下午5点，雨终于停了，天空居然明亮了起来。然然突然大声叫道：“爸爸妈妈，你们快看！”顺着他手指的方向看去，“注意猴群出没”的指示牌出现在眼前，一大群猴子下山觅食来了……

回程途中，然然在先生背上睡熟了。四个多小时的雨中徒步，他已精疲力尽。给他脱掉湿袜子的时候，熟睡中的他突然哭叫起来。定睛一看，因为在雨水中浸泡得太久，他的脚板皮随着湿袜子一起脱落下来了。看着那一大片一大片鲜红的新肉，我没再能忍住，一阵酸楚涌上心头。

回到家，然然向外公讲起他雨中访猴的故事，“我冒雨走了四个多小时，没让爸爸背，没坐滑竿儿。我终于看到猴了，很多猴……奇怪的是，那些叔叔阿姨竟然都说没猴！”看着儿子自豪满足的神情，我欣慰地笑了。“如果真没猴，你会哭鼻子吗？”我问。然然没理他的猫妈妈，又在发呆地想什么呢，叔叔阿姨们都说没猴的原因吗？

教 养 心 经

妈妈越“懒惰”，儿子越勤快；妈妈越“笨拙”，儿子越聪明；妈妈越“柔弱”，儿子越强大。儿子有兴趣和信心做的事，妈妈应当尽量支持他去做，用成功或失败的尝试代替空洞的说教。在我看来，“穷养儿子”也许就是做一个懒惰、笨拙、柔弱、顺从的猫妈妈，把儿子身上的责任感、智慧、信心、勇气激发出来，让他日后能更好地独立面对社会！

女儿是我的小棉袄

2015 年 10 月，我发现自己怀了二宝，我和先生欣喜之余开始担心。大女儿已经 10 岁，上五年级，她能接受吗？我脑子里不断浮现一些负面报道，老大不同意爸爸妈妈生二胎，用极端方式来反对……虽然凭着我对女儿的了解，她应该不会这样。但是我还是担心她不能很好地接受。

女儿一直都非常喜欢看书，我买来了一大堆书，叶萱的《愿你被这世界温柔相待》、龙应台的《目送》和《孩子你慢慢来》……女儿拿到这些书后，一如既往地愉快阅读，我悬着的心也逐渐放下。

叶萱在书中写到“200% 的爱——宝贝，你的爷爷奶奶外公外婆爸爸妈妈，他们不会把对你的爱分出 50% 给弟弟，恰恰相反——他们给你100%的爱，也给弟弟100%的爱。在这个基础上，你爱弟弟，弟弟也爱你，于是在长辈们100%的爱以外，你们因为彼此的存在，而真正拥有了爱的加倍”。还有“你们眼睛里的彼此——我们付出更多的时间、精力、物质，只为他们在未来的悠长时日中能够共同成长、相互扶持、彼此依靠。我们也曾担心姐姐是否能够接受弟弟的存在，却没想到从一开始，他们就住进了对方的眼睛里，以对独生子女而言无法体验的方式，彼此牵念”。我知道，这些美好的东西已经慢慢地渗入了女儿的心里……

一天下午，天气大好，阳光洒满了卧室的阳台，我坐在阳台上告诉了女儿我怀二宝的事，她听到后，闪着美丽的大眼睛，掩饰不住内心的喜悦，“太好了，我也有弟弟妹妹啦！”“妈妈，谢谢你在我11岁生日时，送我的礼物，我不要小狗了，我要弟弟妹妹！”(女儿一直很喜欢小动物，她有一个心愿就是在11岁生日时能得到一只小狗。)我的眼睛湿润了……

一天，女儿睁着大眼睛问我：“妈妈，你说你会不会怀上的是双胞胎？”我很确定地告诉她：“哦，宝贝，不会的。我们家族没有这样的遗传史，检查初期的B超单上也没有记录。”女儿有点小失望地说：“哦，好吧。”

没想到真的被女儿言中，四个月产检时，B 超显示是双胞胎。我和先生又惊又喜。当女儿得知这一消息时，高兴地欢呼雀跃，真不知她为什么这么高兴！立刻，她就把这个好消息告诉自己身边的人，和别人分享着自己的喜悦。

我和先生已经商量好，绝不能因为二宝而忽略了对女儿的爱，现在不会，将来也不会。

女儿五年级下学期，学校的家长义工课排到了我们这里，先生怕我太辛苦，就商量着想跟给老师请假不参加了，我从女儿失望的眼神里看到了遗憾。

我知道她的同学们都很想看看我这个双胞胎妈妈。我就笑着说一定会去，女儿的脸上又晴朗了。接下来我和女儿一起商量课的内容，然后进行分工：我负责制作课件，准备上课；女儿负责准备食材和搬运，先生协助。“制作水果沙拉”的家长义工课很成功，关键是没让小蚂蚁部落班的孩子们失望。孩子们向我提了很多可爱的问题：“阿姨，你怀的是两个弟弟还是两个妹妹？”“阿姨，他们在肚子里会打架吗？”……最开心的是女儿，她的脸上一直都洋溢着幸福的笑容。

2016 年 6 月 29 日，我提前入院待产，诞下两个儿子，出了手术室后，嫂子给我看了一张照片——是女儿蹲在手术室前的照片。只见她双手五指撑开抱着头，两只手肘支撑在双膝上面，正对着手术室的大门，整个人显得十分紧张和焦虑。嫂子说，在我被推进手术室后，女儿就一直这样子等在手术室门前，还不停地问妈妈怎么还不出来。直到我被推进病房，她就一直陪在我身边，寸步不离。我把这张照片存在了手机里，更把这份情意记在了心里。

两个儿子出生后，我们很累很辛苦，但我们从不忽略女儿。我们尽量多抽时间陪她，和她谈心，聊聊学校和生活中的事；也告诉她弟弟们还小只能用哭来表达感受，教会她理解、耐心和宽容；同时让她参与到家务中，帮妈妈照顾弟弟们，让几个孩子在一起，相互之间增进感情。女儿遇到困难或是犯了错误，我们绝不打骂，而是倾听，看她需不需要帮助。我始终坚持陪女儿一起阅读，坚持为女儿做记录。当女儿学习不理想时，我会写文字鼓励她，给她信心和勇气。

女儿小学毕业恰逢生日时，我出差在外，就为她写下了一封信，遥祝女儿 12 岁生日快乐并祝贺她即将成为一名初中生。

在没有儿子前我们每个假期都要出去旅游，儿子出生后的第一年暑假，我让女儿参加学校的夏令营独自去北京，教她用手机配图写日志，每天发在家庭群里，每天关注女儿，让她时时体会到爸妈是爱她、关心她的。第二年暑假，我让先生带女儿一起去海边，让先生陪伴女儿痛快玩了一个星期。女儿在爱和快乐中成长，她亲热地叫两个弟弟“大弟娃儿”“小弟娃儿”。

现在女儿上初中了，她自己要求住校。学校的吃住条件没有家里好，可是女儿说，这样爸妈可以轻松点，自己也可以多挤些时间完成作业。女儿还说：“同学们的妈妈谈的就是逛街买衣服、追剧、买化妆品。”而我的妈妈“每天一边辛苦上班，一边还要带两个弟弟……”

每当我看到两个儿子的亲姐姐，伸手让姐姐抱抱时，我就觉得幸福。每当我看到她们姐弟仨在床上滚成一团，女儿笑着大叫：“妈妈，救我时。”我就觉得特别幸福。在今后的路上肯定会有许多的困难，但是只要我们一家人相亲相爱，只要有女儿这个小棉袄在，我相信一定是温馨又温暖的。

邓文娟，女，本文作者，张萍名师工作室成员。四川省宜宾市六中高中语文教师，国家三级心理咨询师，市级骨干教师，宜宾市翠屏区家庭教育讲师团成员。西南大学教育硕士。曾获得“区级高中语文课堂教学展评一等奖”“高中教学质量一等奖”“高中教学质量管理一等奖”“区级优秀共产党员”“市级优秀教师”、市级学雷锋“敬业标兵”等荣誉称号。

教养心经

要知道，妈妈心态够阳光、够积极，才不会把生活的重压转移到家人，尤其是孩子们的身上。所以，想要一个乐观开朗肯奋斗的孩子，请务必先成为一个乐观开朗肯奋斗的自己。而一旦成为这样的自己，所有那些麻烦，会自动转化为生活的乐趣。

一个妈妈真正的力量是她的慈祥，是温柔、温馨、温和，整个家庭都因之而和睦而和谐，让人感到大海般的包容接纳，又壮观不可撼动，这就是孩子成长的宽阔的天地。

唯愿：成长路上，书香满地

“黄山奇石……”快期末考了，小学二年级的女儿玥玥用那稚嫩的声音很投入地读着课文。“妈妈，妈妈，黄山奇石好神奇啊，我想去黄山看看。”“好，下个暑假我们就去看看。”玥玥得到想要的回答后，继续心满意足地读她的课文。“大雪纷飞”“冰天雪地”“天寒地冻”……女儿终于忍不住又说：“妈妈，妈妈，这究竟是什么样子的啊？”“就是电视里的那样吗？”“可究竟是什么感觉啊？妈妈，我想要看下大雪的样子”。“好吧，如果你期末考到两科共199分以上，妈妈就带你去看。”像这样的对话，我们母女有太多太多。我知道，作为一个语文老师，我对孩子的影响已经显而易见了！

玥玥两个月时，我就回到了讲台上课，无人照顾的女儿，我只有强忍着泪水，答应了奶奶将孩子带回老家。经过近两年的煎熬，玥玥两岁了，我和老公决定把玥玥带回来自己带。记得她刚回宜宾的那个晚上，可能是不习惯城里这种灯火通明、声音不息的夜晚。八点、九点，玥玥依然不睡，她眼睛在不停地合上，又使劲地睁开，嘴里一直念叨着“不睡觉觉，不睡觉觉”。最后极难受的她，终于忍不住哇哇大哭，不管怎么安抚，依然是不停哭闹。这时我突然想起书上看到的孩子发浑时就分散她注意力的方法。“玥玥不哭，妈妈带你出去耍，我们不睡觉觉哈。”她依然不停哭闹着。

走在大街上，女儿还是哭着。“你看，那里有好漂亮的光光，还在动呢！我们看写了什么？‘黎善鲜饭店，特推出特色菜品……’”玥玥停止了哭闹，眼睛好奇地盯着滚动的红色字幕。这时，我欣喜万分，一是终于找到了安抚孩子的办法，二是感觉自己似乎可以用相似的方法来影响孩子。我们继续走，继续找字幕读，玥玥小嘴巴里也慢慢地跟着我读。读着读着，头耷拉在我肩上，安心地睡了。一贯娇气的我，在抱着孩子回家的路上，一点都不累。我是语文教师，希望在女儿的成长路上，不仅仅有温暖柔和的母爱，还要有沁人心脾的书香。

九月，玥玥该上幼儿园了！刚回到妈妈身边的女儿极没安全感。每天上学是爸爸送，她很不情愿。而我去接她放学时，她都会扑上来给我个大大的拥抱。拖着我的手说："妈妈，你终于来接我了！走，妈妈，我们回家。"等公交车时，我会教她在站牌上找出我们坐的公交车号，再认出我们上车以及下车的站点。每天如此，慢慢地，她就能认识15路车要经过的所有站名了。慢慢地，又能把南门桥站所有的公交车经过的站名都认出来。再到后来，每到一个新的车站坐车，她都去主动认站名。不仅如此，在车上，会认路边的招牌；到超市，会认商品名称；甚至路边接到别人发的宣传单，也会读一读。

尽管我对于玥玥认字这事很纠结，害怕对她以后的学习有不好的影响，可女儿对认字还是有很大的兴趣。她去姐姐家玩，把姐姐一年级的识字卡片带回家，经常缠着大人教她认字。被我藏了好多次的卡片，总会被她找出来。最后，我也就懒得藏了。就这样，孩子认识很多字。会认字的玥玥，自然而然地就走上了自主阅读之路。放学后，我们一起朗读儿歌；泡脚时，我们背古诗；睡觉前，我们在床上交换着为对方读故事……我的目的达到了。阅读，已经成了女儿的习惯。

女儿到了6岁，该幼儿园毕业了。毕业联欢会上，玥玥要朗诵诗歌，她最终选择了《再别康桥》。为了让女儿能更好地演绎这首诗，我给她讲了《再别康桥》的写作背景和大意。她就问：“妈妈，康桥究竟是什么样子的啊？这个徐志摩为什么这么舍不得呢？”我就说：“宝贝，康桥就是我们现在的剑桥大学，是世界上最好的大学之一。就像你在这个幼儿园一样，徐志摩也在那里读了一段时间的书。在那里，有教会他很多东西的老师，有好多的同学。”女儿似懂非懂地点点头，说：“妈妈，我懂了。”

幼儿园毕业了，但关于剑桥大学的故事还没有结束。孩子看到《海的女儿》里，美人鱼喝了药水变出脚来，却最终化为了泡沫，就问我：“妈妈，在哪里可以学到这种配药水的魔法，我想拥有魔法，我要帮助美人鱼重新来过。”我想了想说：“宝贝，有个地方可以学很厉害的配药水的技术，但我也不知道这种技术有没有魔法。”“在哪里，我要去？”女儿很急切地问我。看着女儿那满怀期待的双眼，是那么清澈明亮。我怎么说清楚呢？我怎么能打破一个小女孩这样一个善良而美丽的梦呢？于是，我含糊地说“宝贝，那样的技术要在世界上最好的大学才能学到。”“妈妈，那是剑桥大学吗？妈妈，我长大要上剑桥大学。”瞬间，我怔住。没想到，“剑桥大学”在女儿心中是这样深刻。“我要上剑桥大学”，她说得是那样坚定。虽然我明白，剑桥大学对孩子还太遥远，却还是抱起她说：“好，宝贝。只要你心中一直想着这件事，为这件事付出比别人更多的努力。终有一天，你能去剑桥学调配药水。”因为阅读，女儿第一次有了梦想，而任何事情，不都是有梦想才有希望吗？

我们背古诗，背到“天苍苍，野茫茫，风吹草低见牛羊”，她说：“妈妈，我好想去看看草原。”我第一次感觉到孩子仅仅是读书中的内容，并不能满足好奇心了！于是就决定带她去草原。一路上，她兴奋地问东问西，描绘着自己想象的画面。但是下车后，她特别失望地说“妈妈，为什么这些草不是绿油油的？为什么草这么浅，我能看到牛和羊吗？”通过我一番解释，她才明白，风景是有季节的。看到女儿恍然大悟，破涕为笑的表情，我明白以往看到的“不要带孩子去旅游”那一类言论并不一定是正确的。回来的路上，女儿安静了许多。靠在我怀里，睁大眼睛。我问：“宝贝，你怎么了？不舒服吗？”她怯怯地说：“妈妈，我不敢睡，奶奶叫我不要指月亮，不然月亮会割我的耳朵的。可我指过月亮，我怕它会从车窗进来割我耳朵。”我心疼地抱住她，“宝贝，月亮不会割好孩子耳朵的。月亮不是很美吗？听说上面还住着一个很美的仙女呢！”于是，嫦娥的故事又让她听得入迷。

现在，女儿已经小学二年级了。我们依然爱在一起读诗歌、讲故事、去旅游、谈理想……唯愿：这一路，书香满地。

教养心经

女孩是天使，是上天赐给父母的宝贝。而她长大后会是什么样子，每个母亲都会有所期待。可每一个母亲都不是完美的，也不是所有的母亲都是理性的。而阅读，恰恰可以弥补教育中缺失的东西。让孩子爱上阅读，首先要让孩子在生活中学习认字，培养他对识字的热爱。爱上认字，孩子自然而然地也就能开始自主阅读。最后，再让孩子发现身边有很多阅读过的内容。这样，他就能源源不断地产生阅读的兴趣，最终通过阅读完善自己，提升自己。

李珊，张萍名师工作室成员。四川省宜宾市李庄中学高中语文教师。热爱生活，热爱教育，关注家庭教育，善用启发式教学，亲切和善，深受学生喜爱，曾荣获县课堂展示一等奖。教学成绩突出，多次获得宜宾市教学质量奖。